◎京师国际刑事法文库（38）

◎外国刑事法翻译系列之二十二

巴西刑法典

Penal Code of Brazil

陈志军　译

中国人民公安大学出版社

·北　京·

图书在版编目（CIP）数据

巴西刑法典/陈志军译 .—北京：中国人民公安大学出版社，2009. 8

（京师国际刑事法文库. 外国刑事法翻译系列；22）

“十一五”国家重点图书出版规划项目

ISBN 978 - 7 - 81139 - 601 - 0

Ⅰ. 巴…　Ⅱ. 陈…　Ⅲ. 刑法—法典—巴西　Ⅳ. D. 977. 74

中国版本图书馆 CIP 数据核字（2009）第 109023 号

巴西刑法典

Penal Code of Brazil

陈志军　译

出版发行：中国人民公安大学出版社
地　　址：北京市西城区木樨地南里
邮政编码：100038
经　　销：新华书店
印　　刷：北京蓝空印刷厂

版　　次：2009 年 8 月第 1 版
印　　次：2009 年 8 月第 1 次
印　　张：6. 875
开　　本：880 毫米×1230 毫米　1/32
字　　数：159 千字
印　　数：1～3000 册

书　　号：ISBN 978 - 7 - 81139 - 601 - 0/D・509
定　　价：22. 00 元

网　　址：www. cppsup. com. cn　www. porclub. com. cn
电子邮箱：cpep@ public. bta. net. cn　zbs@ cppsu. edu. cn

营销中心电话（批销）：（010）83903254
警官读者俱乐部电话（邮购）：（010）83903253
读者服务部电话（书店）：（010）83903257
教材分社电话：（010）83903259
公安图书分社电话：（010）83905672
法律图书分社电话：（010）83905637
公安文艺分社电话：（010）83903973
杂志分社电话：（010）83903239
电子音像分社电话：（010）83905727

北京师范大学刑事法律科学研究院
京师国际刑事法文库

总　序

20世纪70年代末80年代初以来，为顺应现代社会发展进步的历史潮流，在坚定不移地推行改革开放的基本国策之同时，中国政府尤为注重社会主义法治的建设与发展。随着立法日益健全，司法不断完善，法学欣欣向荣，国家和社会已经步入现代法治的轨道，从而有力地维护和推动了经济、政治、文化乃至整个社会全方位的发展与进步。在中国社会发展进步的历程中，社会主义法治系统必将发挥日益重要的作用。这一系统的发展完善离不开现代法学理论的引导和推动。因此，进一步重视法学研究，尤其是外向型、国际型法学研究，无疑具有长远的战略意义，刑法学领域亦然。

北京师范大学刑事法律科学研究院（以下简称刑科院）是北京师范大学重点建设的专门从事刑事法学研究的中国刑事法学领域首家且目前系唯一的具有独立性、实体性、综合性的新型学术研究机构和研究生培养单位。刑科院立足本国国情，在大力发展中国刑事法学研究的同时，专设国际刑法研究所暨外国刑法与比较刑法研究所，关注国际刑法、外国刑事法、比较刑事法的基础理论研究，并注重对当前国际刑事法理论与实务中热点、难点问题的研究。刑科院国际刑法学、外国刑事法、比较刑事法等外向型研究方面的研究力量，以本单位的教师和博士生为基本队伍，同时聘任、定向联系国内外一些著名大学和研究机构的知名刑事法及国际法专家学者、国际刑事审判机构的法官、联合国暨国际学术研究机构的知名学者。刑科院注重开拓的国际刑法学领域的学术研究范围主要包括：国际刑法的基础理论、国际犯罪、国际刑事审判、国际刑事司法协助与合作等。刑科院力图通过课题研究、学术研讨活动以及同国内外专家、学者和学术机构的学术交流与合作研究等多种渠道、多种形式，努力促进与繁荣我国外向型和国际型刑事法学研究，以适应国家在改革开放中加强刑事法制建设的需要。

“京师国际刑事法文库”，是以开拓和繁荣外向型、国际型刑事法学研究为主旨的一种学术载体形式，与北京师范大学刑事法律科学研究院的“京师刑事法文库”分工不同、相辅相成。本“文库”在广义上理解和包容国际刑事法，拟出版国内外专家学者在国际刑法、比较刑法、外国刑法、比较刑事诉讼法、外国刑事诉讼法等方面的科研成果，可以是专题研究、综合研究，可以是国外、境外法典、著作的译作或介述研究之作，还可以是国内外专家学者的合作研究项目。其中，研究性著作应具有较高的学术水平，译著、介述书籍和工具书、资料书等应具有重要的参考价值。

古人云：“合抱之木，生于毫末；九层之台，起于垒土；千里之行，始于足下。”聚沙成塔，集腋成裘。我们希望能通过以文库形式的逐步积累，为我国国际刑法学和其他外向型刑事法学的发展，为法治之昌盛和社会之进步，作出应有的贡献。

是为序。

北京师范大学刑事法律科学研究院

院长　赵秉志教授　谨识

2008 年 12 月修订

College for Criminal Law Science of Beijing Normal University

International Criminal Law Library of BNU

Preface

Since the late 1970s and early 1980s, Chinese government, to be in conformance with the trend of progressive development of modern society, has put a special emphasis on the construction and development of socialist legal system, besides firmly adhering to the principal national policy of reform and opening-up to the foreign countries. Along with the gradual perfection of legislation and judicial practice, legal science thrives and our country and society is stepping to the track of modern rule of law, which further forcefully safeguards and facilitates the development and progress of all fields such as economy, politics, culture and even the whole society. In the course of social development and progress in China, our socialist legal system will certainly play a more and more important role, which, however, is impossible without the legal theory to pilot and drive. In other words, it is of significance of long-term strategy to further reinforce legal science studies (including criminal jurisprudence studies) , especially extrovert and international legal studies.

The College for Criminal LawScience of Beijing Normal University (hereinafter The College) , founded in August of 2005 , is the first and, at present, the only academic research organ in China specializing in criminal jurisprudence that is independent and comprehensive entity and undertakes the mission of educating postgraduates. Basing itself upon the situation of China, The College, in addition to fully developing the studies on Chinese criminal law, specially establishes the Institute for International Criminal Jurisprudence Studies, the Institute for Foreign Criminal Law and the Institute for Comparative Criminal Law, which focuses on constructing the basic theory of international criminal jurisprudence and researching the theoretic and practical hot–topics and difficulties in current international criminal law. The main force of international criminal jurisprudence staffed the College is the professors and doctorate candidates thereof, besides those who are invited as fellow researchers or fellow professors such as famous scholars and specialists engaging in criminal and international law, foreign criminal law and comparative criminal law from the prestigious universities and academic organizations home and abroad, judges from the international criminal judicial agencies and famous scholars from UN and international academic research organizations. With respect to the international criminal jurisprudence, the College opens the main academic fields for research including the basic theory of international criminal jurisprudence, international crimes, international criminal trial, and international judicial assistance in criminal matters ,and so on. The College seeks to facilitate and thrive studies on the extrovert and international criminal law through various channels and programs such as project researches, academic workshops, academic exchange and cooperation with domestic and foreign specialists, scholars and academic organs, so as to meet the requirements of strengthening criminal legal construction in the course of reform and opening up to the foreign countries. International Criminal Law Library of BNU, undertaking different missions from Criminal Jurisprudence Library of BNU but supplementing each other, seeks to exploit and deepen and thrive the academic researches on extrovert and international criminal jurisprudence. With a broad understanding and including of international criminal law, the library consists of the academic achievements by domestic and foreign specialists and scholars on international criminal law, comparative criminal law, foreign criminal law, comparative criminal procedure law and foreign criminal procedure law, which may be of either special topics or general topics in a rather profound academic level, or introduction or translations of foreign literatures and codifications with much value of references, or research projects co-operated by domestic and foreign specialists. As an ancient master said, " A huge tree grows from a tiny seedling; A nine-storey tower begins with a pile of earth; A thousand-li journey begins with the first step ." "Grains of sand piled up make a pagoda; The finest fragments of fox fur, sewn together, will make a robe." Through the program of library, we seek to accumulate academic fruits and develop the international criminal jurisprudence and other extrovert criminal jurisprudence, so as to make our contributions to the prosperity of rule of law and progress of the society.

Prof. Zhao Bingzhi
Dean of College for Criminal Law Science
Beijing Normal University
December 2008

前　言

巴西是拉丁美洲面积最大的国家，位于南美洲东南部。北邻法属圭亚那、苏里南、圭亚那、委内瑞拉和哥伦比亚，西邻秘鲁、玻利维亚，南接巴拉圭、阿根廷和乌拉圭，东濒大西洋。古代巴西为印第安人居住地。1500 年 4 月 22 日，葡萄牙航海家佩德罗·卡布拉尔到达巴西。16 世纪 30 年代，葡派远征队在巴建立殖民地，开始了长达约 3 个世纪的统治。1549 年任命总督。1808 年拿破仑入侵葡萄牙，葡萄牙王室迁往巴西。1821 年葡萄牙王室迁回里斯本，王子佩德罗留巴西任摄政王。1822 年 9 月 7 日，佩德罗王子宣布独立，建立巴西帝国。1825 年，葡萄牙承认巴西独立。1889 年 11 月 15 日，丰塞卡将军发动政变，推翻帝制，成立巴西合众国。1891 年 2 月 24 日，国会通过宪法，定国名为巴西合众国。1964 年 3 月 31 日，军人政变上台，实行独裁统治，1967 年改国名为巴西联邦共和国。1985 年 1 月，军人还政于民。巴西第一部帝国宪法产生于 1882 年，1988 年 10 月 5 日巴西颁布现行宪法，这是巴西历史上第八部宪法。巴西是里约集团创始国，南方共同市场、七十七国集团、十五国集团成员国。

巴西在独立之前直接适用葡萄牙刑法，1822 年独立之后逐步开始建立本土化的刑事法律制度。1830 年，巴西国王佩得罗一世签署施行巴西历史上第一部刑法典，这部刑法典以 1810 年法国刑法典为蓝本制定。1890 年巴西颁布其历史上第二部刑法典。1940

年 12 月 7 日巴西以第 2848 号法案公布其历史上第三部刑法典，于 1942 年 1 月 1 日起施行。1940 年刑法典在近 70 年来虽然经历了许多次的修正，但至今仍然在巴西联邦共和国适用。最近的一次是 2007 年 11 月 29 日第 11596 号法案对刑法典所做的修正。现行的巴西刑法典的主要内容有：

1. 刑法的渊源

巴西的刑法立法包括刑法典和特别刑法。刑法典是刑法的主体，还有单行刑法以及在民事、经济、行政法律中规定的附属刑法条款。巴西刑法典第 360 条对特别刑法的制定及其与刑法典的关系作出了规定："在有关危害国家存立、国家安全、国家完整的犯罪，关于危害大众经济的保障和运行的犯罪，关于出版犯罪和破产犯罪，关于共和国总统、州长或者联邦区行政长官责任的犯罪以及关于军事犯罪的专门立法制定后，本法典与之相抵触的条款予以废止。"此外，巴西刑法典第 12 条规定："如果没有例外规定，本法典总则的规定也适用于根据特别法的规定认为是犯罪的案件。"重要的单行刑法有 1969 年 10 月 21 日颁布的《军事刑法典》等。本书只对刑法典及其被修正部分进行翻译。

2. 刑法典的体系

巴西刑法典分为总则和分则两大部分。总则部分包括八编：第一编刑法的适用、第二编犯罪、第三编刑事责任、第四编共同犯罪、第五编刑罚、第六编保安措施、第七编刑事起诉和第八编刑罚消灭。分则部分包括十一编：第一编侵害人身罪、第二编侵犯财产罪、第三编侵犯无形财产罪、第四编破坏劳动秩序罪、第五编侵犯宗教感情和对逝者的尊重罪、第六编妨害风化罪、第七编破坏家庭罪、第八编危害公共安全罪、第九编危害公共治安罪、第十编破坏公共信用罪和第十一编妨害公共管理罪。编下设章，有的章下设节。需要指出的是，巴西属于拉丁法系国家，其法典的条文结构与其他国家有很多区别：一是需要在一个条文中表达多层意思时，设置多款，但排列方法与一般国家不同，第一段称之为首部，不在编号范围之内，对其他款按照顺序编号排列。二是分则条文的罪状和法定刑大多隔开分段表述。三是不少条还设立独立款。

3．刑法的地域效力

巴西刑法采取以属地管辖为原则，有限的属人管辖、保护管辖和普遍管辖为补充的刑事管辖权体制。巴西刑法典第 5 条首部规定："实施于巴西境内的犯罪，除非国际公约、条约和国际法准则另有规定，否则均适用巴西法律。"此外，巴西刑法典还在第 7 条规定了有限制的属人管辖、有限制的保护管辖和有限制的普遍管辖。

4．外国刑事判决效力

巴西刑法对外国刑事判决的效力采取有限制的积极承认主义。巴西刑法典第 8 条规定："行为人因某罪在国外已受刑罚执行后再被巴西法院追诉时，如果在巴西对该罪所判的刑罚与在国外已被执行的刑罚种类不同的，应当减轻处罚；如果刑罚种类相同的，应当把国外已受刑罚计算在内。"巴西刑法典第 9 条规定："对于外国的判决，如果依据巴西法律将产生与之相同的法律后果的，出于下列目的，可以承认其在巴西的效力：I. 要求行为人赔偿损失、归还赃物或者履行其他民事义务；II. 要求罪犯接受保安措施。"

5．刑法的溯及力

巴西刑法在此问题上采取区别对待的做法：（1）以有利于被告人主义为一般原则。巴西刑法典第 1 条首先规定了法律不溯及既往的一般原则："无事先的法律规定，不为罪。无事先的法律预告，无刑罚。"然后规定了有利于被告人的溯及既往原则。巴西刑法典第2条首部规定："如果根据行为实施后的法律的规定该行为不再构成犯罪的，不能再对其追究刑事责任；有罪刑事判决的执行及该判决的有关效力，都应当终止。"该条独立款规定："事后法对行为人有利的，应当适用于该法施行之前的行为，即使对该行为已经作出终审判决也不例外。"（2）对特别法和限时法采取从旧原则。巴西刑法典第3条规定："对于特别法或者限时法而言，即使其有效期间已过或者其适用情势已经终止，对其生效期间所实施的行为也应当适用。"

6. 犯罪时间和犯罪地点

巴西刑法典对犯罪时间和犯罪地点这两个牵涉广泛的重要概念作出了明确规定。巴西刑法典第4条规定："实施作为或者不作为的时间，就是犯罪时间，即使犯罪结果发生在其他时间也不例外。"巴西刑法典第6条规定："作为或者不作为的全部或者部分实施地，以及犯罪结果实际发生地或者希望发生地，视为犯罪地。"

7. 因果关系

巴西刑法典较为罕见地规定了因果关系这一客观的构成要素。而且对以条件说作为因果关系的判断规则、因果关系的中断问题以及不作为犯罪的因果关系问题作出了较为具体的规定。巴西刑法典第13条首部规定："对犯罪成立与否具有决定意义的结果，只能归责于对其施加了原因力的人。如果没有某一作为或者不作为，就不会发生结果的，该作为或者不作为视为该结果的原因。"该条第1款规定因果关系中断的处理原则："当意外发生的相对独立的原因单独地导致结果时，不能将该结果归责于行为人。但对于此前发生的事实，则应当归责于该行为人。”该条第2款规定了不作为的因果关系问题：“当行为人应当并且能够作为而阻止该结果的发生的，其不作为与结果之间具有因果关系。”

8. 不作为犯罪的义务来源

巴西刑法典较为少见地规定了不作为犯罪的义务来源。巴西刑法典第13条第3款规定：“作为义务来源于：a）依法负有照料、保护、监督义务；b）被认为有阻止结果发生义务的其他情形；c）产生结果发生危险的先行行为。”

9. 责任主义原则

巴西刑法典坚持责任主义原则。巴西刑法典第18条规定了故意和过失的定义。巴西刑法典第19条规定对加重结果至少应当具有过失才能加重刑罚的原则：“对于法律特别规定要加重量刑幅度的结果，只有行为人对之至少具有过失时，才能对之承担责任。”

10. 认识错误

巴西刑法典将认识错误分为对构成要件的认识错误和对行为违法性的认识错误。（1）对构成要件的认识错误。巴西刑法典第20条首部规定：“对法定的犯罪构成要件的认识错误阻却故意的成立，在法律有规定的情况下，可以按照过失犯罪追究刑事责任。”（2）对行为违法性的认识错误。巴西刑法典第21条首部规定：“对法律的无知，不能作为辩护理由。对行为违法性的认识错误如果是不可避免的，不追究刑事责任；如果是可以避免的，可以减轻刑罚1/6至1/3。”

11. 刑事责任能力

（1）刑事责任年龄。巴西刑法典第27条把刑事责任年龄分为两个阶段：不满18周岁为完全无刑事责任能力阶段；已满18

周岁为完全刑事责任能力阶段。巴西把最低刑事责任年龄规定为18周岁这一较高的水平，也是当今世界较为少见的。（2）精神病人的刑事责任能力。巴西刑法典第26条把精神病人的刑事责任能力分为完全不负刑事责任和减轻刑事责任两种情形。第26条首部规定："行为人因为患精神病、智力发育不健全或者发育迟缓，在作为或者不作为时完全不能辨认行为的不法性质或者根据这一辨认对其行为进行控制的，不负刑事责任。"该条独立款规定："如果行为人因为精神错乱、智力发育不健全或者发育迟缓，不能完全辨认行为的不法性质或者根据这一辨认对其行为进行控制的，可以减轻刑罚1/3至2/3。"（3）情绪或者激情。巴西刑法典第28条规定，"情绪或者激情"不能阻却刑事责任。（4）醉态人的刑事责任能力。巴西刑法典第28条首部规定："行为人故意或者过失地陷入由酒精或者具有类似作用的物质所致的醉态。"此外还规定了原因自由行为。该条第1款规定："由于意外情况或者不可抗力陷入醉态的行为人，在作为或者不作为之时，完全不能辨认行为的不法性质或者根据这一辨认对其行为进行控制的，不负刑事责任。"该条第2款规定："由于意外情况或者不可抗力陷入醉态的行为人，在作为或者不作为之时，不能完全辨认行为的不法性质或者根据这一辨认对其行为进行控制的，可以减轻刑罚1/3至2/3。"

12. 犯罪停止形态

（1）犯罪既遂。巴西刑法典第14条首先规定了犯罪既遂的概念："当法定的全部构成要件齐备时，为既遂犯罪。"（2）犯罪未遂。巴西刑法典第14条规定："行为人已经开始实行犯罪，但由于其意志以外的原因未完成犯罪的，为未遂犯罪。"该条独立款规定："除非另有不同规定，对未遂犯罪按照对既遂犯罪规定的刑罚减轻1/3至2/3处罚。”（3）犯罪中止。巴西刑法典第15条规定：“行为人自动放弃继续犯罪的实行或者有效地阻止结果发生的，只对其已经实施的这部分行为承担责任。”（4）不能犯。巴西刑法典第17条规定：“因为使用了绝对不能的手段或者针对绝对不能的对象而使犯罪不可能达到犯罪既遂的，这种未遂不能处罚。”

13．共同犯罪

巴西刑法对共同犯罪的规定主要有：（1）按照责任大小处刑原则。巴西刑法典第29条首部规定：“以任何方式共同加功于犯罪的人，根据他们的责任大小，按照法律对该罪规定的刑罚追究刑事责任。”该条第1款规定：“如果参与共同犯罪的行为所起作用轻微的，可以减轻刑罚1/6至1/3。”该条第2款规定：“如果部分共同犯罪人只是希望参与实施比实际结果较轻的罪行的，对这些人适用较轻罪行的刑罚；但是如果发生了比其预想结果更重的结果的，应当加重其刑罚1/2。”（2）将实行犯达到未遂以上程度作为对共犯人追究刑事责任的原则。巴西刑法典第31条规定：“对于策划、共谋、教唆或者帮助行为，除非另有例外规定，否则在犯罪的实施尚未达到未遂程度的情况下，不追究刑事责任。”这反映巴西在共犯从属性与独立性之争议上，倾向于共犯从属性理论。（3）专属于部分共同犯罪人的量刑情节之效力不能及于其他共犯人。巴西刑法典第30条规定：“除非属于犯罪构成要件，否则不能将个人特征视为共同犯罪的情节和状况。”（4）有关共同犯罪的加重处罚情节。巴西刑法典第62条规定：“共同犯罪的行为人具有下列情节之一的，应当加重处罚：I. 策动、建立犯罪集团或者指挥其他犯罪人的活动；II. 强迫或者劝诱他人实行犯罪的；III. 教唆或者指示受其权利支配的人或者由于个人状况、身份而无法构成犯罪的人实施犯罪；IV．因为收买或者许诺给予报酬而实施犯罪或者参与犯罪。”此外，分则也有不少具体犯罪将共同犯罪规定为刑罚加重情节的规定。

14．罪数

巴西刑法典第69条规定了实质数罪，第70条规定了形式数罪，第71条规定了连续犯，此外总则和分则还有不少有关结果加重犯的规定。如第71条首部对连续犯的规定就较具特色：“当行为人以不止一个的作为或者不作为触犯两个或者两个以上的同种犯罪时，如果犯罪的时间、地点、实施方式或者其他情况都具有类似性的，则应当将后罪视为前罪的连续，如果数个同种犯罪的刑罚幅度相同的，适用其中一个刑罚；如果刑罚幅度不同的，适用最重的刑罚。但在任何此类案件中，都应当加重1/6至2/3处刑。”

15．刑罚的种类

巴西的刑罚包括剥夺自由、剥夺权利和罚金三大类。（1）剥夺自由。剥夺自由包括监禁和拘役两种具体类型。巴西规定剥夺自由刑有关押方式、半开放方式和开放方式三种不同的执行方式。监禁应当以关押方式、半开放方式或者开放方式执行。拘役应当以半开放方式或者开放方式执行，但是必须转变为关押方式的情况除外。在执行方式之间采取累进制的实施方式。（2）剥夺权利。具体包括以现金缴纳社会福利金、没收财物或者金钱、为社区或者公益机构服务、暂时剥夺权利和周末限制。（3）罚金。巴西已经抛弃了过去在立法中规定罚金具体数额的立法例，改采用日罚金制度。值得关注的是，巴西在1882年就废止了普通犯罪的死刑，1940年刑法典没有规定死刑，在政变军人统治期间的1969年又规定可以对政治犯罪适用死刑，但在此期间并没有实际执行死刑的记录。1988 年现行宪法第 5 条规定："不能存在下列处罚：……a）死刑，但依据第 84 条 XIX 的规定宣布进入战争状态时除外；……"可见，巴西虽然在宪法上保留了对战时犯罪适用死刑的可能性，但在刑法典及特别刑法中并无具体规定，可以认为其实际上已经废除了死刑。

16. 量刑情节

巴西刑法典在总则中对加重情节和减轻情节作出了指导性规定：（1）加重处罚情节。巴西刑法典第 61 条规定："如果不单独构成犯罪或者属于结果加重犯的，下列情节在任何情况下都是刑罚加重情节：I. 累犯；II. 行为人实施犯罪时具有下列情形之一的：a）出于卑鄙或者下流的原因；b）是为了便利或者确保其他犯罪的实施，或者为了使其他犯罪被掩饰或者逃避惩罚或者从中获利的；c）使用背信、陷害、伪装、让被害人难以或者不可能防卫的手段；d）使用毒药、放火、爆炸物、折磨或者其他诱人上当的或者残酷的手段，或者足以造成公共危险的手段；e）针对尊亲属、卑亲属、兄弟姐妹或者配偶实施犯罪；f）滥用权力、家庭关系、同居关系、热情待客或者针对特别法有规定的妇女使用暴力的；g）滥用官职、公务、交易、服务或者职业固有的权利或者违背其固有的义务；h）针对儿童、60 周岁以上的老人、病人或者孕妇实施的；i）当受害人处于有权机关的保护之下时；j）在发生火灾、船舶失事、水灾、任何公共灾害或者被害人遭受不幸之时；k）在其事先预设的醉态下实施的。"（2）减轻处罚情节。巴西刑法典第 65 条规定了法定的减轻处罚情节："下列情节在任何情况下都是刑罚减轻情节：I. 在犯罪实施之时未满 21 周岁或者在判决之时年满 70 周岁的；II. 不知道法律；III. 行为人具有下列情形之一：a）出于社会的或者道德的价值观念而实施犯罪；b）在犯罪后主动有效地避免结果发生或者减轻犯罪结果，或者在判决之前已经赔偿了损失的；c）在可以抗拒的胁迫的作用下，或者出于服从上级命令，或者在由于被害人的不正当行为所引起的强烈情绪的作用下实施犯罪的；d）犯罪人主动向有权机关供认罪行；e）在聚众骚乱的影响下实施犯罪但不属于策动者的人。"第66条还对酌定减轻处罚情节作出了规定："行为人具有法律没有明确规定的出现在犯罪之前或者犯罪之后的一些相关情节的，也可以予以减轻处罚。"（3）加重情节和减轻情节的竞合的处理原则。巴西刑法典第67条规定："在加重情节和减轻情节同时存在的情况下，判决应当以占优势地位的情节作为量刑取向，并在对该情节规定的限度内量刑。犯罪结果、犯罪人的人格和累犯必须被视为占优势地位的情节。"

17. 保安处分

巴西刑法规定了保安处分制度。但与刑法典制定之初相比，保安处分措施的种类已经做了大幅度的削减。巴西刑法典第96条规定："保安措施包括：I. 接受住院监管和精神病治疗，如果当地没有此类医院的，也可监管于其他类似机构；II. 接受不住院治疗。"

18. 复权

巴西刑法典对复权制度作出了具体规定。第93条规定："对任何效力确定的判决所适用的刑罚，都可以适用复权制度。将与其刑事诉讼和判决有罪有关的记录置于保密状态。"包括依申请复权和依职权复权两种提起方式。

19. 刑罚消灭制度

巴西刑法典对刑罚消灭制度作出了非常详细的规定。第107条规定："下列事由导致刑事责任的消灭：I. 犯罪行为人死亡；

II. 大赦、赦免或者特赦；III. 根据具有溯及既往效力的法律的规定不再认为构成犯罪；IV. 已过时效、法律失效或者诉讼终止；V. 自诉犯罪中，告诉权利被放弃或者得到宽恕；VI. 在法律允许的情况下行为人承认其行为的；……IX. 依法予以司法赦免。”其中对时效制度的规定最为具体，包括追诉时效（称为“终审有罪判决作出前的时效”）和行刑时效（称为“终审有罪判决作出后的时效”），并且规定了时效中止和时效中断制度。巴西刑法典未规定不受时效限制的犯罪，但在《巴西联邦共和国宪法》中却有规定，其宪法第 5 条规定：“……XLII. 种族主义行为是不可假释的罪行，应当依法判处监禁且不受时效限制；……XLIV. 民事或者军事的武装团伙实施破坏宪法秩序和民主国家的行动的，是不可假释的罪行且不受时效限制；……”

由于水平所限，加之从英文版本转译而来，不当之处，敬请读者批评指正。

陈志军
2009 年 2 月

目　录

附　录

巴西刑法典[①]

总　则

第一编　刑法的适用[②]

法律不溯及既往

第 1 条

无事先的法律规定，不为罪。无事先的法律预告，无刑罚。

审判时的法律

第 2 条

如果根据行为实施后的法律的规定该行为不再构成犯罪的，不能再对其追究刑事责任；有罪刑事判决的执行及该判决的有关效力，都应当终止。

独立款——事后法对行为人有利的，应当适用于该法施行之前的行为，即使对该行为已经作出终审判决也不例外。

---

① 1940 年 12 月 7 日第 2848 号法案公布，迄今已历经多次修正。

② 1984 年 7 月 11 日第 7209 号法案对总则第 1 条至第 120 条进行了修正。该法案第 2 条还规定将分则中原有关罚金数额的具体规定一律修改为“罚金”，即不再明确数额。

特别法与限时法

第 3 条

对于特别法或者限时法而言，即使其有效期间已过或者其适用情势已经终止，对其生效期间所实施的行为也应当适用。

犯罪时间

第 4 条

实施作为或者不作为的时间，就是犯罪时间，即使犯罪结果发生在其他时间也不例外。

国内犯罪

第 5 条

实施于巴西境内的犯罪，除非国际公约、条约和国际法准则另有规定，否则均适用巴西法律。

§1. 出于惩罚犯罪的目的，对于巴西的船舶和航空器，如果是公用的或者为巴西政府服务的，无论位于何地；如果是商用的或者属于私有财产的，分别位于任何地方的空中或者位于公海上的，视为国家领土的延伸。①

§2. 在外国的民用航空器或者船舶上实施犯罪，而当时该航空器正降落于巴西领土或者飞行于巴西领空或者该船舶正航行于巴西领海或者停泊于巴西港口的，也可以适用巴西法律。

犯罪地点

第 6 条

作为或者不作为的全部或者部分实施地，以及犯罪结果实际

① 巴西属于拉丁法系国家，其法典的条文结构与其他国家有不少的区别，需要在一个条文中表达多层意思时，设置多款，但排列方法与一般国家不同，第一段称之为首部，不在编号范围之内，对其他款则按照顺序从 1 开始编号排列并以符号 § 标记。例如，第 5 条第 1 段称为首部，然后是第 1 款和第 2 款。——译者注。

发生地或者希望发生地，视为犯罪地。

国外犯罪

第7条

下列犯罪即使实施于国外，也应当适用巴西法律：

I. 下列犯罪：

a）危害共和国总统的生命安全或者自由；

b）侵犯联邦、联邦区、州、联邦地区、市、国营企业、综合经济公司、自治机构或者政府设立的基金会的财产或者公信力的犯罪；

c）利用职务实施的妨害公共行政管理罪；

d）巴西公民或者定居于巴西的人实施的种族屠杀；

II. 下列犯罪：

a）条约或者公约规定巴西有义务管辖的犯罪；

b）巴西人所实施的犯罪；

c）在航行于国外期间的商业的或者属于私有财产的巴西航空器或者船舶上实施的犯罪，且未被追诉的。

§1. 对I下规定的犯罪案件，无论行为人是否已经因此在国外被宣判无罪或者被判决有罪，均应根据巴西法律进行追诉。

§2. 对II下规定的犯罪案件，在下列条件同时具备的情况下，适用巴西法律进行追诉：

a）行为人进入巴西国境；

b）其行为根据犯罪地国的法律也应当追究刑事责任；

c）属于巴西法律允许引渡的犯罪；

d）行为人未曾因此行为在国外被作出无罪判决或者未曾被执行刑罚的；

e）行为人未曾因此行为在国外被赦免，或者因为其他原因而使其没有依据对其有利的法律的规定使其刑罚消灭的。

§3. 外国人在巴西境外针对巴西人实施的犯罪，如果具备§2规定的条件以及下列条件的，也应当适用巴西法律进行追诉：

a）没有对之提出引渡请求或者拒绝了该引渡请求的；

b）司法部长提出请求的。

国外所受刑罚

第8条

行为人因某罪在国外已受刑罚执行后再被巴西法院追诉时，如果在巴西对该罪所判的刑罚与在国外已被执行的刑罚种类不同的，应当减轻处罚；如果刑罚种类相同的，应当把国外已受刑罚计算在内。

外国判决的效力

第9条

对于外国的判决，如果依据巴西法律将产生与之相同的法律后果的，出于下列目的，可以承认其在巴西的效力：

I. 要求行为人赔偿损失、归还赃物或者履行其他民事义务；

II. 要求罪犯接受保安措施。

独立款——承认外国判决的效力应当依据：

a）出于I中规定的目的的承认，应当根据利害关系的请求作出；

b）出于其他目的的承认，应当依据与作出司法裁判的国家间存在的引渡条约进行，如果没有引渡条约的，应当依据司法部长请求进行。

期间的计算

第10条

期间从开始之日起计算。依据通行的历法计算日、月、年。

非整数刑罚的计算

第 11 条

对于剥夺自由、剥夺权利，不足 1 日的非整数刑期予以舍弃；对于罚金，不足 1 雷亚尔[①]的非整数部分予以舍弃。

特别法

第 12 条

如果没有例外规定，本法典总则的规定也适用于根据特别法的规定认为是犯罪的案件。

① 巴西于 1994 年 7 月 1 日起采用新货币雷亚尔（Real）。

第二编　犯　　罪

因果关系

第 13 条

对犯罪成立与否具有决定意义的结果，只能归责于对其施加了原因力的人。如果没有某一作为或者不作为，就不会发生结果的，该作为或者不作为视为该结果的原因。

介入意外发生的独立原因

§1. 当意外发生的相对独立的原因单独地导致结果时，不能将该结果归责于行为人。但对于此前发生的事实，则应当归责于该行为人。

不作为的相关性

§2. 当行为人应当并且能够作为而阻止该结果的发生的，其不作为与结果之间具有因果关系。作为义务来源于：

a）依法负有照料、保护、监督义务；

b）被认为有阻止结果发生义务的其他情形；

c）产生结果发生危险的先行行为。

第 14 条

下列犯罪形态：

既遂犯罪

I. 当法定的全部构成要件齐备时，为既遂犯罪；

未遂犯罪

II. 行为人已经开始实行犯罪，但由于其意志以外的原因未完成犯罪的，为未遂犯罪。

未遂犯罪的处罚

独立款——除非另有不同规定，对未遂犯罪按照对既遂犯罪规定的刑罚减轻1/3至2/3处罚。

自动放弃犯罪和有效悔罪

第15条

行为人自动放弃继续犯罪的实行或者有效地阻止结果发生的，只对其已经实施的这部分行为承担责任。

事后悔罪

第16条

对于不是以暴力或者针对人身的严重威胁为手段实施的犯罪，如果行为人在被告发或者被告诉之前，主动地赔偿损失或者归还赃物的，应当减轻1/3至2/3处罚。

不能犯

第17条

因为使用了绝对不能的手段或者针对绝对不能的对象而使犯罪的实施不可能达到犯罪既遂的，这种未遂不能处罚。

第18条

下列犯罪形态：

故意犯罪

I. 行为人希望发生结果或者冒发生结果的危险的，是故意；

过失犯罪

II. 由于轻率、疏忽或者不称职而造成结果的，是过失。

独立款——除非法律有明文的规定，否则只能处罚故意犯罪行为。

结果加重犯

第 19 条

对于法律特别规定要加重量刑幅度的结果，只有行为人对之至少具有过失时，才能对之承担责任。

对构成要件的认识错误

第 20 条

对法定的犯罪构成要件的认识错误阻却故意的成立，在法律有规定的情况下，可以按照过失犯罪追究刑事责任。

区别对待

§1. 行为人基于当时行为的状况误认为其行为是完全正当，且如果这些行为状况客观存在的话，其行为就属于合法的行为，不承担刑事责任。如果行为人对这一认识错误的发生存在过失并且被法律规定为过失犯罪的，不能免除刑事责任。

由第三人导致的错误

§2. 第三人以其行为导致行为人的认识错误的，应当对该犯罪承担刑事责任。

对人的认识错误

§3. 对犯罪所侵害的被害人发生误认的，不能免予刑事责任。在这种案件中，只能以行为人意图侵害的被害人的状况和身份作为处断根据，而不能以实际被害人的状况和身份作为根据。

对行为违法性的认识错误

第 21 条

对法律的无知，不能作为辩护理由。对行为违法性的认识错误如果是不可避免的，不追究刑事责任；如果是可以避免的，可以减轻刑罚 1/6 至 1/3。

独立款——行为人在没有认识到行为的违法性的情况下作为

或者不作为，但在当时情况下其原本能够具有或者获得这种认识的，视为可以避免的认识错误。

不可抗力与服从上级命令

第 22 条

如果由于不可抗拒的强迫或者对违法性不明显的上级命令的严格服从而实施其行为的，只对强迫者或者发布命令的上级追究刑事责任。

违法阻却事由

第 23 条

行为人在下列情况下实施行为的，不构成犯罪：

I. 紧急避险；

II. 合法防卫；

III. 严格地履行法律义务或者适当地行使权利的。

过当具有可罚性

独立款——在本条规定的任何情况下，如果行为人故意或者过失地超出法律规定的界限的，应当承担刑事责任。

紧急避险

第 24 条

行为人为了保护自己或者他人的权利免受正在发生的不是其有意导致的危险，没有其他办法可以避免，在迫不得已的情况下所实施的行为，是紧急避险。

§1. 以面对该危险作为法律义务的人，不能声称进行紧急避险。

§2. 在此情况下，尽管要求行为人牺牲其受到威胁的权利是合理的，但仍然可以减轻其刑罚 1/3 至 2/3。

合法防卫

第 25 条

行为人对自己或者他人的权利受到的正在发生或者即将发生的不正当侵害，有节制地使用必需的工具进行反抗的，是合法防卫。

第三编　刑事责任

责任阻却事由

第 26 条

行为人因为患精神病、智力发育不健全或者发育迟缓，在作为或者不作为时完全不能辨认行为的不法性质或者根据这一辨认对其行为进行控制的，不负刑事责任。

责任减轻事由

独立款——如果行为人因为精神错乱、智力发育不健全或者发育迟缓，不能完全辨认行为的不法性质或者根据这一辨认对其行为进行控制的，可以减轻刑罚 1/3 至 2/3。

未满 18 周岁

第 27 条

不满 18 周岁的人，不负刑事责任，应当按照有关的专门立法的规定进行处理。

情绪与激情

第 28 条

不能阻却刑事责任的情形：

I. 情绪或者激情；

醉态

II. 行为人故意或者过失地陷入由酒精或者具有类似作用的物质所致的醉态。

§1. 由于意外情况或者不可抗力陷入醉态的行为人，在作为或者不作为时，完全不能辨认行为的不法性质或者根据这一辨认对其行为进行控制的，不负刑事责任。

§2. 由于意外情况或者不可抗力陷入醉态的行为人，在作为或者不作为时，不能完全辨认行为的不法性质或者根据这一辨认对其行为进行控制的，可以减轻刑罚 1/3 至 2/3。

第四编 共同犯罪

第 29 条

以任何方式共同加功于犯罪的人，根据他们的责任大小，按照法律对该罪规定的刑罚追究刑事责任。

§1. 如果参与共同犯罪的行为所起作用属轻微的，可以减轻刑罚 1/6 至 1/3。

§2. 如果部分共同犯罪人只是希望参与实施比实际结果较轻的罪行的，对这些人适用较轻罪行的刑罚；但是如果发生了比其预想结果更重的结果的，应当加重其刑罚 1/2。

个人情节

第 30 条

除非属于犯罪构成要件，否则不能将个人特征视为共同犯罪的情节和状况。

不予处罚的情形

第 31 条

对于策划、共谋、教唆或者帮助行为，除非另有例外规定，否则在犯罪的实施尚未达到未遂程度的情况下，不追究刑事责任。

第五编　刑　　罚

第一章　刑罚种类

第 32 条

刑罚包括：

I. 剥夺自由；

II. 剥夺权利；

III. 罚金。

第一节　剥夺自由

监禁与拘役

第 33 条

监禁应当以封闭方式、半开放方式或者开放方式执行。拘役应当以半开放方式或者开放方式执行，但是必须转变为封闭方式的情况除外。

§1. 具体的执行方式是：

a）封闭方式，是指在实行最严格的看守制度或者通常的看守制度的机构中执行刑罚；

b）半开放方式，是指在农业或者工业区或者类似的机构中执行刑罚；

c）开放方式，是指在家中或者在适合住家的机构中执行刑罚。

§2. 应当按照下列标准，以罪犯的表现为根据，以累进的方法执行刑罚并以之作为对罪犯变更适用更严格的执行方式的依据：

a）被判刑期超过 8 年的罪犯，应当从封闭方式开始执行刑罚；

b）被判刑期超过 4 年但不超过 8 年并且不构成累犯的罪犯，可以从半开放方式开始执行刑罚；

c）被判刑期等于或者少于 4 年并且不构成累犯的罪犯，可以从开放方式开始执行刑罚。

§3. 在确定刑罚的最初执行方式时，应当遵从本法典第 59 条规定的标准。

§4. 对实施妨害公共管理罪的罪犯，以赔偿犯罪所造成的损失、归还赃物及其法定孳息作为对其刑罚执行实行累进制的条件。①

封闭执行方式的规则

第 34 条

在开始执行刑罚时，对罪犯进行犯罪学检查，对其进行分类以便实现执行个别化。

§1. 罪犯必须在白天从事劳动，晚上独居。

§2. 罪犯在机构中进行集体劳动，在与执行刑罚相兼容的

---

① 2003 年 11 月 12 日第 10763 号法案新增§4。

情况下，从事与其技能或者此前所从事的职业相一致的劳动。

§3. 在封闭执行方式下，允许罪犯到机构之外的公共工程或者公用事业单位劳动。

半开放执行方式的规则

第 35 条

以半开放方式开始执行刑罚时，也应当适用本法典第 34 条首部的规定。

§1. 罪犯白天必须在农业或者工业区或者类似的机构中进行集体劳动。

§2. 允许从事外部劳动并且接受二级或者更高级别的补充职业课程教育。

开放执行方式的规则

第 36 条

开放执行方式以罪犯的自我约束和责任感为基石。

§1. 罪犯在晚上和休息日被关押于机构中，其余时间将其置于机构以外并在无监督的状态下工作、参加课程教育或者从事其他被允许的活动。

§2. 如果该罪犯实施故意犯罪行为、不能实现刑罚执行的目的或者不缴纳附加判处的罚金的，将把开放执行方式变更为其他执行方式。

特别处遇

第 37 条

对在机构内服刑的女性罪犯，应当尊重她们由于其人身状况所固有的且与本章的规定相适应的权利与义务。

被监禁人的权利

第 38 条

罪犯继续享有未受其被判处的剥夺自由刑影响的所有权利，所有的机关都应当尊重罪犯的身体和精神的完整性。

被监禁人的劳动

第 39 条

被监禁人的劳动都是有偿的，并且受到社会保险福利的保障。

专门立法

第 40 条

明确本法典第 38 条和第 39 条规定的事项、被监禁人的权利和义务、执行方式的撤销和转化、违反纪律的行为及其相应的制裁，应当由专门立法加以规定。

患精神病

第 41 条

对患有精神病的罪犯，应当送医院接受精神病学治疗和监管，如果没有医院的，送其他适当机构。

刑期折抵

第 42 条

因为同一行为而在巴西国内外被临时拘捕、行政拘留、在前条所指的机构中住院治疗的时间，都应当折抵所被判处的剥夺自由或者保安处分的期间。

第二节　剥夺权利

剥夺权利之刑罚

第 43 条

剥夺权利的刑罚包括：①

I. 以现金缴纳社会福利金；②

II. 没收财物或者金钱；③

III. （已被否决）；④

IV. 为社区或者公益机构服务；

V. 暂时剥夺权利；

VI. 周末限制。⑤

第 44 条

符合下列条件的，可以独立地适用剥夺权利或者用以替代剥夺自由刑：⑥

I. 因为以不是采取暴力或者针对人身的严重威胁手段实施的犯罪而被判处不超过 4 年的剥夺自由刑，或者因为过失犯罪而被判处的任何刑罚；⑦

II. 被告人不是故意犯罪的累犯；

---

① 1998 年 11 月 25 日第 9714 号法案对 I、II、IV 进行了修正。

② 指以现金形式支付的福利。——译者注。

③ 1998 年 11 月 25 日第 9714 号法案将原来的 II 变更为 V。

④ 1988 年《巴西联邦共和国宪法》第 84 条规定："共和国总统独立地享有下列权力：……V. 全部或者部分地否决法案；……"刑法典中就有部分的条款被总统否决。

⑤ 1998 年 11 月 25 日第 9714 号法案将原来的 III 变更为 VI。

⑥ 1994 年 6 月 11 日第 7209 号法案对本条首部进行了修正。

⑦ 1998 年 11 月 25 日第 9714 号法案对 I、II、III 进行了修正。

III. 犯罪人的一贯社会行为表现、人格与犯罪原因、犯罪情节表明其适合适用这一替代的。

§1.（已被否决）。

§2. 对被判处1年或者不足1年剥夺自由刑的罪犯，可以用罚金或者剥夺权利予以替代；如果被判处超过1年的剥夺自由刑的罪犯，可以用剥夺权利并科以罚金或者用两种剥夺权利予以替代。①

§3. 对属于累犯的行为人，考虑到其前罪的情况、所建议采取的社会化手段和没有再实施同一犯罪的可能性，法官也可以适用前述替代。

§4. 如果行为人无正当理由地违反适用于剥夺权利刑的禁止情形的，剥夺权利刑将恢复为剥夺自由刑。在计算该剥夺自由刑的已服刑期时，应当扣除已服的剥夺权利刑等长的期间，但至少应当扣除30日监禁或者拘役。

§5. 罪犯被判处的剥夺自由刑被替代后，如果又因为其他犯罪而被判处剥夺自由的刑罚的，即使前一刑罚原本符合替代条件，法官也可以决定撤销替代恢复为剥夺自由刑。

剥夺权利刑罚的易科

第45条

应当以前述各条和第46条、第47条、第48条规定的方式进行刑罚替代。②

§1. 现金福利，是指向犯罪被害人、受被害人扶养的人、公共的或者私有的以社会目的为宗旨的机构支付法官确定数量的现金，数额不能少于月最低工资的1倍也不能超过其360倍。如

① 1998年11月25日第9714号法案增加了§2、§3、§4、§5。

② 1998年11月25日第9714号法案对本条首部和§1、§2、§3进行了修正。

果罪犯向受益人支付这一现金的，所支付的数额从民事赔偿诉讼的数额中扣除。

§2. 在§1规定的情况下，如果受益人同意，罪犯也可以用其他形式提供现金支付。

§3. 除非特别法另有规定，没收罪犯的财物或者金钱归国家感化基金会所有。所没收罪犯的财物或者金钱在任何情况下都应当超过犯罪所造成的损失数额或者犯罪人或者第三人从犯罪中所获取的数额。

§4.（已被否决）。

社区或者公益机构服务

第46条

对被判处超过6个月剥夺自由的罪犯，可适用向社区或者公益机构提供服务。①

§1. 社区或者公益机构服务是指对罪犯分派无偿的工作任务。

§2. 提供公共服务是指在联邦或者州的看护机构、医院、学校、孤儿院或者其他类似机构中劳动。

§3. 对§1中所指的工作任务应当按照罪犯的技能进行分派，应当在判决执行期间内按照每天1小时的数量，以不影响其正常工作为原则进行安排。

§4. 如果罪犯符合第55条规定的用较短期间的剥夺权利替代剥夺自由刑的条件的，用以替代的社区或者公益机构服务的期间应当超过1年，但在任何情况下都不得低于所判剥夺自由刑刑期的1/2。

---

① 1998年11月25日第9714号法案对本条首部和§1、§2、§3、§4进行了修正。

暂时剥夺权利

第 47 条

暂时剥夺权利包括：①

I. 暂时禁止履行公共官职、公共职务、公务活动或者选任职务；

II. 暂时禁止从事需要公共权力授权、批准或者许可的职业、活动或者交易；

III. 暂缓批准或者给予驾驶机动车资格；

IV. 禁止进入特定场所。

周末限制

第 48 条

周末限制，是指有义务于周六和周日留置于家中或者其他适合住家的机构中达每天 5 小时。②

独立款——在该留置期间，罪犯可以参加教学课程和指定的讲座或者教育活动。

第三节　罚　　金

罚金

第 49 条

罚金是指按照判决确定的一定数量支付金钱的刑罚，以日罚金的形式予以计算。罚金的下限为 10 日，上限为 360 日。

§1. 罚金的日额由法官确定，但不得低于犯罪行为实施当

① 1994 年 6 月 11 日第 7209 号法案对本条首部和 I、II、III 进行了修正。

② 1994 年 6 月 11 日第 7209 号法案对第 48 条进行了修正。

时实行的数量最高的最低月工资标准①的 1/30，也不得高于该最低月工资标准的 5 倍。

§2. 罚金的日额将根据罚金执行时的货币修正指数进行更新。

罚金的支付

第 50 条

罚金应当在终审判决作出后 10 日内缴纳。根据该罪犯的请求，法官在确认之后可以允许其按月分期缴纳。

§1. 在下列情况下，可以通过扣除罪犯的薪水或者工资的方式征收其罚金：

a）单处罚金；

b）判处剥夺权利刑同时一并判处罚金的；

c）缓刑。

§2. 这一扣除不得妨碍维持其本人和家庭生活必需的费用。

罚金的易科与撤销

第 51 条

如果拒绝执行罚金判决的，罚金将被视为对公共财政所负的需要付利息的债务，适用有关时效中断和中止的事由的规定。②

易科的方式

§1. （废止）。③

---

① 巴西的劳工法律规定，劳工工资不得低于法定的最低工资。最低工资每年 4 月底前后根据物价水平调整一次，各行业劳资双方在遵守政府最低工资的基础上，还可商定本行业的最低工资。

② 1996 年 4 月 1 日第 9268 号法案对本条首部进行了修正。

③ 1996 年 4 月 1 日第 9268 号法案废止了 §1。

易科的撤销

§2.（废止）。[①]

罚金的暂缓执行

第 52 条

如果罪犯患精神病的，推迟执行罚金。

第二章　刑罚的幅度

剥夺自由

第 53 条

法律对每一种犯罪都规定了剥夺自由刑的具体幅度。

剥夺权利

第 54 条

除分则部分另有规定的以外，用以替代剥夺自由刑或者适用于过失犯罪的剥夺权利的期间为 1 年（不含 1 年）以下。

第 55 条

第 43 条 III、IV、V、VI 规定的剥夺权利刑的刑期与其所替代的剥夺自由刑的刑期相同，但第 46 条 §4 规定的情况不在此列。

第 56 条

本法典第 47 条 I、II 规定的暂时剥夺权利，适用于在实施职业、活动、公务、官职、职务的过程中违反其固有义务而实施的

① 1996 年 4 月 1 日第 9268 号法案废止了 §2。

任何犯罪。

第57条

本法典第47条III规定的暂时剥夺权利，适用于过失的交通犯罪。

罚金

第58条

法律对每一具体犯罪规定的罚金的幅度，按照本法典第49条各款规定的幅度确定。

独立款——本法典第44条独立款和第60条§2规定的罚金的适用，不受分则规定的影响。

第三章　刑罚的适用

刑罚的量定

第59条

法官应当根据犯罪人的一贯社会行为表现、人格、犯罪原因、犯罪情节、犯罪后果，被害人的行为表现，以及惩罚和预防犯罪的必要性和充分性量定刑罚：

I. 在规定的数种刑罚中选定所适用的刑种；

II. 在刑度范围内可适用的刑罚数量；

III. 对剥夺自由最初适用的执行方式；

IV. 用另外一种能够适用的刑罚替代被判处的剥夺自由刑。

罚金刑的特别标准

第 60 条

法院在罚金的量刑过程中，应当主要考虑被告人的经济状况。

§1. 如果法官认定即使适用最上限的罚金也无法对被告人产生预期的效果的，可以根据其经济状况在不超过最上限罚金 3 倍的幅度内加重处罚。

易科罚金

§2. 对于不超过 6 个月的剥夺自由，可以根据本法典第 44 条 II 和 III 规定的条件将其易科为罚金。

加重处罚情节

第 61 条

如果不单独构成犯罪或者属于结果加重犯的，下列情节在任何情况下都是刑罚加重情节：

I. 累犯；

II. 行为人实施犯罪时具有下列情形之一的：

a）出于卑鄙或者下流的原因；

b）是为了便利或者确保其他犯罪的实施，或者为了使其他犯罪被掩饰或者逃避惩罚或者从中获利的；

c）使用背信、陷害、伪装、让被害人难以或者不可能防卫的手段；

d）使用毒药、放火、爆炸物、折磨或者其他诱人上当的或者残酷的手段，或者足以造成公共危险的手段；

e）针对尊亲属、卑亲属、兄弟姐妹或者配偶实施犯罪；

f）滥用权力、家庭关系、同居关系、热情待客或者针对特别

法有规定的妇女使用暴力的；[①]

g）滥用官职、公务、交易、服务或者职业固有的权利或者违背其固有的义务；

h）针对儿童、60 周岁以上的老人、病人或者孕妇实施的；[②]

i）当受害人处于有权机关的保护之下时；

j）在发生火灾、船舶失事、水灾、任何公共灾害或者被害人遭受不幸时；[③]

k）在其事先预设的醉态下实施的。

有关共同犯罪的加重处罚情节

第 62 条

共同犯罪的行为人具有下列情节之一的，应当加重处罚：

I. 策动、建立犯罪集团或者指挥其他犯罪人的活动；

II. 强迫或者劝诱他人实行犯罪的；

III. 教唆或者指示受其权利支配的人或者由于个人状况、身份而无法构成犯罪的人实施犯罪；

IV. 因为收买或者许诺给予报酬而实施犯罪或者参与犯罪。

累犯

第 63 条

行为人在国内或者国外实施前一犯罪而被判决有罪之后，又实施新的犯罪的，构成累犯。

---

① 2006 年 8 月 7 日第 11340 号法案对 f）进行了修正，自公布之日 2006 年 8 月 8 日起满 45 日后施行。

② 2003 年 10 月 1 日第 10741 号法案对 h）进行了修正。

③ 巴西以葡萄牙语为官方语言，葡萄牙语只有 23 个字母，没有英语中的 k、w、y 三个字母。

第 64 条

下列情形，不视为累犯：

I. 从前一犯罪被判处的刑罚被执行完毕或者消灭之日（如果被缓刑或者假释而未被撤销的，从考验期满之日起计算）起，到后一犯罪的实施之时已经满 5 年的；

II. 军事犯罪和政治犯罪不被考虑构成累犯。

减轻处罚情节

第 65 条

下列情节在任何情况下都是刑罚减轻情节：

I. 在犯罪实施之时未满 21 周岁或者在判决之时年满 70 周岁的；

II. 不知道法律；

III. 行为人具有下列情形之一：

a）出于社会的或者道德的价值观念而实施犯罪的；

b）在犯罪后主动有效地避免结果发生或者减轻犯罪结果，或者在判决之前已经赔偿了损失的；

c）在可以抗拒的胁迫的作用下，或者出于服从上级命令，或者在由于被害人的不正当行为所引起的强烈情绪的作用下实施犯罪的；

d）犯罪人主动向有权机关供认罪行；

e）在聚众骚乱的影响下实施犯罪但不属于策动者的人。

第 66 条

行为人具有法律没有明确规定的出现在犯罪之前或者犯罪之后的一些相关情节的，也可以予以减轻处罚。

加重情节和减轻情节的竞合

第 67 条

在加重情节和减轻情节同时存在的情况下，判决应当以占优势地位的情节作为量刑取向，并在对该情节规定的限度内量刑。犯罪结果、犯罪人的人格和累犯必须被视为占优势地位的情节。

刑罚的计算

第 68 条

刑罚首先依据本法典第 59 条规定的标准确定；然后考虑减轻处罚情节和加重处罚情节；最后考虑分则规定的加重或者减轻事由。

独立款——在分则规定的加重事由和减轻事由竞合时，法官可以只予以加重或者减轻刑罚，但必须以占优势地位的事由作为选择取向的依据。

实质数罪

第 69 条

当行为人以不止一个的作为或者不作为触犯两个或者两个以上的同种或者不同种犯罪时，如果其被判处数个剥夺自由刑的，应当合并执行。在监禁和拘役合并执行时，应当先执行监禁。

§1. 当对数罪中的一个犯罪判处未被缓刑的剥夺自由刑，就不能对其他犯罪根据本法典第 44 条的规定进行刑罚替代。

§2. 在被判处数个剥夺权利刑时，先对罪犯执行可相容的刑种，再执行其他刑种。

形式数罪

第 70 条

当行为人以一个作为或者不作为触犯两个或者两个以上的同种或者不同种犯罪时，以处刑最重的犯罪处罚，如果处刑相同的，选择其一。但在任何此类案件中，都应当在不超过 1/6 的范围内加重处刑。但如果其作为或者不作为是出于故意并且所触犯的数个犯罪的刑罚符合前条规定的独立适用条件的，应当进行并罚。

独立款——根据本条规定所判处的刑罚，不能超出根据第 69 条的规定所判处的刑罚。

连续犯

第 71 条

当行为人以不止一个的作为或者不作为触犯两个或者两个以上的同种犯罪时，如果犯罪的时间、地点、实施方式或者其他情况都具有类似性的，则应当将后罪视为前罪的连续，如果数个同种犯罪的刑罚幅度是相同的，适用其中一个刑罚；如果刑罚幅度是不同的，适用最重的刑罚。但在任何此类案件中，都应当加重 1/6 至 2/3 处刑。

独立款——以暴力或者针对人身的严重威胁的手段针对不同的被害人实施故意犯罪的，法官可以根据犯罪人的一贯社会行为表现、人格和犯罪原因、犯罪情节，按照本法典第 70 条独立款和第 75 条的规定进行加重处罚，最高可以加重 3 倍处罚。如果所犯数罪处刑相同的，以其中一罪作为加重处罚的基准；数罪处刑不同的，以其中最重的犯罪为基准。

罚金的数罪并罚

第 72 条

在数罪的情况下，罚金应当单独地和完全地适用。

犯罪实行中的错误

第 73 条

行为人因为偶然的原因或者使用了错误的犯罪工具，没有对其意图侵害的人造成侵害，却侵害了其他人，应当视同已经侵害了其意图侵害的人，按照本法典第 20 条 §3 的规定处理。如果在侵害了其他人的同时也击中了其意图侵害的人的，按照本法典第 70 条的规定处理。

发生与预期不符的结果

第 74 条

行为人因为偶然的原因或者实施犯罪中的认识错误，没有造成其希望的结果，但却造成了其他结果，然而不适用前条规定的案件，如果法律规定为过失犯罪的，则按照该过失犯罪承担刑事责任；如果在造成希望结果以外的其他结果同时也造成了希望结果的，按照本法典第 70 条的规定处理。

处刑的限度

第 75 条

剥夺自由的刑期不能超过 30 年。

§1. 当一个罪犯被判处的剥夺自由的总和刑期超过 30 年时，必须统一限制为本条规定的最上限。

§2. 罪犯在开始服刑后，又因其行为被判决有罪并处刑的，对以前罪的剩余刑期和后罪的刑期进行并罚。

数罪并罚

第 76 条

数个犯罪的不同刑种并罚时，应当先执行较重的刑罚。

第四章　缓　　刑

缓刑的条件

第 77 条

被判处不超过 2 年剥夺自由的罪犯，如果具备下列条件的，可以在 2 至 4 年的期间内暂缓执行其刑罚：

I. 没有再次实施故意犯罪；

II. 根据罪犯的背景、社会行为表现、人格，以及犯罪原因、犯罪情节，认为适合予以缓刑的；

III. 不属于本法典第 44 条规定的应当或者可以进行刑罚替代的情形。

§1. 如果其前一次犯罪是被判处罚金的，不影响本次犯罪缓刑的适用。

§2. 对于判处不超过 4 年剥夺自由的罪犯，如果其年满 70 周岁或者出于健康原因而必要的，可以在 4 至 6 年的期间内暂缓执行其刑罚。①

第 78 条

在缓刑期间，被缓刑人应当接受监督并遵守法官规定的限制条件。②

§1. 在第一年中，行为人必须提供第 46 条规定的社区服务或者接受第 48 条规定的周末限制。

---

① 1998 年 11 月 25 日第 9714 号法案对 §2 进行了修正。

② 1994 年 6 月 11 日第 7209 号法案对本条首部和 §1 进行了修正。

§2. 如果行为人已经赔偿因犯罪所造成的损失（根本不具有赔偿能力的除外），并且其具有的第59条所列的量刑情节都是积极的，法官可以一并适用下列限制条件以替代§1中规定的条件：①

a）光顾特定场所；

b）未经法官允许禁止离开所居住的地区；

c）每月必须向法官报告其活动并说明其正当性。

第79条

判决还可以另外规定与被缓刑罪犯的罪行和个人情况相适应的其他限制条件。

第80条

对剥夺权利刑和罚金刑不能适用缓刑。

撤销缓刑决定

第81条

如果被缓刑人在考验期间有下列情形之一的，应当撤销缓刑：

I. 因为故意犯罪而被不可上诉的判决认定有罪的；

II. 虽然有偿付能力，但无正当理由不执行罚金或者不履行赔偿损失责任的；

III. 违反第78条§1规定的限制条件。

可以撤销缓刑的情形

§1. 如果行为人违反被规定的其他限制条件，或者因为过失犯罪或者违警罪而被不可上诉的判决判处剥夺权利的刑罚的，可以撤销缓刑。

---

① 1996年4月1日第9268号法案对本条首部和§2进行了修正。

缓刑期间的延长

§2. 如果被缓刑的罪犯又因为涉嫌实施其他犯罪或者违警罪正在被追诉的，缓刑的考验期延长至作出最终判决之日。

§3. 对于可以撤销缓刑的案件，如果考验期尚未达到最上限，法官可以不撤销缓刑，而是裁定将考验期延长至最上限。

遵守缓刑条件的后果

第82条

在缓刑考验期届满时，尚未被撤销缓刑的，所被判处的剥夺自由刑则视为执行完毕。

第五章 假 释

假释的条件

第83条

被判处2年或者2年以上剥夺自由刑的罪犯，具备下列条件的，法官可以将其予以假释：

I. 不是以故意犯罪构成累犯并且过去一贯表现良好的，所服刑期已经超过判决的1/3；

II. 是以故意犯罪构成累犯的，所服刑期已经超过判决的1/2；

III. 在刑罚执行期间表现良好、能够很好地完成分配给其的工作并且具备以诚实劳动谋生的能力的；

IV. 已经赔偿了犯罪所造成的损失，但确实无能力赔偿的除外；

V. 因为实施酷刑、非法贩运麻醉药品或者相关药品、恐怖主义行为以及被规定为不可宽恕的罪行而被判刑但不构成这类犯罪的累犯的罪犯，所服刑期已经超过判决的2/3。[①]

独立款——使用暴力或者针对人身的严重威胁的手段实施故意犯罪而被判刑的罪犯，在予以假释时，应当将接受以使其不再实施这类犯罪行为为目的的人身监督作为限制条件。

刑罚的总和

第84条

数个不同种的犯罪所判处的刑罚应当累加计算，以之考虑假释的适用问题。

假释条件的指明

第85条

判决应当指明适用于假释的限制条件。

撤销假释

第86条

如果被假释的罪犯因为下列犯罪而被不可上诉的判决判处剥夺自由刑的，撤销假释：

I. 在考验期内实施的新罪；

II. 发现属于本法典第84条规定的旧罪。

可以撤销假释

第87条

被假释的罪犯不遵守判决规定的任何限制条件，或者因为实施犯罪或者违警罪而被不可上诉的判决判处剥夺自由以外的刑罚的，法官可以撤销假释。

---

① 1990年7月25日第8072号法案新增V。

撤销假释的效力

第 88 条

如果假释被撤销，不能对该罪犯再适用假释。而且所经历的假释考验期间不能抵扣刑罚，但其假释是因为以前的其他旧罪被定罪判刑而被撤销的不在此列。

刑罚执行完毕

第 89 条

被假释的罪犯在假释期间犯新罪的，在对该罪进行的审判程序尚未作出终审判决之前，法官不能宣布假释所指的这部分刑罚执行完毕。

第 90 条

如果到考验期满时假释未被撤销的，所被判处的剥夺自由刑视为执行完毕。

第六章 有罪判决的效力

普遍效力与个别效力

第 91 条

有罪判决产生以下效力：

I. 确定对因犯罪所造成的损失的赔偿责任；

II. 为了维护国家利益或者被害人、善意第三人的权利，没收下列物品：

a）用于犯罪且其制造、转让、使用、携带、持有构成非法的工具；

b）犯罪行为所产生之物或者行为人通过实施犯罪所得之财产或者利益。

第 92 条

有罪判决也可以产生以下效力：

I. 有下列情形之一的，剥夺官职、公共职务或者选任的职务：①

a）以滥用权力或者违背职责的方式实施妨害公共管理的犯罪，被判处 1 年或者超过 1 年的剥夺自由刑的；

b）在其他案件中被判处超过 4 年的剥夺自由刑的；

II. 针对子女、被保佐人、被监护人实施被判处监禁的故意犯罪的行为人，剥夺其亲权、保佐权、监护权；

III. 利用机动车作为实施故意犯罪的工具的，剥夺其驾驶机动车资格。

独立款——本条规定的效果不具有自动适用的效力，而应当在判决中指明才可。

第七章　复　　权

复权

第 93 条

对任何效力确定的判决所适用的刑罚，都可以适用复权制度。将与其刑事诉讼和判决有罪有关的记录置于保密状态。

---

① 1996 年 4 月 1 日第 9268 号法案对 I 下的 a 和 b 进行了修正。

独立款——本法典第 92 条规定的有罪判决产生的效力的情形也可以适用复权，但对于该条 I 和 II 规定的情况则不允许恢复到剥夺权利以前的状态。

第 94 条

在任何案件中，如果行为人具有下列条件的，从刑罚消灭或者执行完毕之日起（如果被缓刑或者假释而未被撤销的，从考验期满之日起计算）满 2 年后，可以申请复权：

I. 在上述期间内居住于本国；

II. 在此期间其公开或者私下的行为表现确实良好的；

III. 赔偿因犯罪所造成的损失或者被证实在提出请求之日前根本不具有赔偿的能力，或者提交证明被害人放弃债务权利或者用之抵消旧的债务的文书。

独立款——在复权请求被驳回后，如果针对复权适用的必要条件有新的证据，可以随时再次提出请求。

第 95 条

如果被复权的人再次被终审判决判处非罚金的刑罚的，法院可以主动或者根据检察官的请求，撤销对行为人的复权。

第六编　保安措施

保安措施的种类

第 96 条

保安措施包括：

I. 接受住院监管和精神病治疗，如果当地没有此类医院的，也可监管于其他类似机构；

II. 接受不住院治疗。

独立款——刑罚消灭后，不再适用保安措施，已经适用的也不再继续执行。

对具有责任阻却事由的行为人适用的保安措施

第 97 条

对于属于第 26 条规定的无责任能力的行为人，法官应当决定让其住院治疗。但是，如果其实施的行为只可能被判处拘役的，法官可以决定将其交付接受不住院治疗。

保安措施的期限

§1. 住院治疗和不住院治疗没有确定的期间，一直延续到医疗专家经检查认为其危险性消失时为止。最短期间为 1 年以上 3 年以下。

医疗专家

§2. 由医疗专家执行被确定的最短期间，并且负责每年对被治疗人再评估一次。但在法院决定进行评估的任何时候，都应当进行评估。

解除拘禁或者附条件释放

§3. 解除对行为人的拘禁后，应将行为人附条件释放 1 年。如果行为人在 1 年的期间届满前实施了表征其继续存在危险性的行为的，应当恢复此前的拘禁状态。

§4. 在不住院治疗的任何阶段，如果为了治疗目的而必要的话，法官可以决定行为人住院治疗。

对具备责任减轻事由的罪犯用保安措施替代刑罚

第 98 条

对于需要予以特别治疗的本法典第 26 条独立款规定的行为人，可以住院治疗或者不住院治疗替代其剥夺自由刑，其最短治疗期间为 1 年以上 3 年以下，根据前条 §1 和 §4 的规定确定其具体期间。

接受治疗人的权利

第 99 条

被治疗人应当被收治于具有医院特征并能够实施治疗的机构进行治疗。

第七编　刑事起诉

公诉与自诉

第 100 条

除法律明确规定由被害人自诉的以外，犯罪都以公诉的形式提出起诉。

§1. 在法律有规定的情况下，检察机关依据被害人的控告或者司法部长的请求提起公诉。

§2. 自诉由被害人或者其适格的代表人提出。

§3. 对于公诉犯罪，如果检察机关不在法定期间内提出起诉，可以以自诉形式提出起诉。

§4. 如果被害人死亡或者被法院裁判宣布失踪的，告诉或者继续进行诉讼的权利由其配偶、尊亲属、兄弟或者卑亲属行使。

对数罪的起诉

第 101 条

某一事实被法律规定为某一犯罪的构成要件或者刑罚加重情节，但其本身同时构成其他犯罪时，如果检察机关对其中任何一个犯罪提出公诉，就应当也对其他犯罪提起公诉。

起诉不能撤回

第 102 条

起诉在提出之后，就不能撤回。

控告或者起诉权利的丧失

第 103 条

除非法律有明文的例外规定，如果被害人从知道谁是犯罪人或者从第 100 条 §3 规定的提出公诉的法定期间届满之日起，6 个月内不行使控告或者起诉权利的，视为放弃这一权利。

控告权的明示或者默示放弃

第 104 条

如果明示或者默示地表示放弃控告权的，即不能再行使这一权利。

独立款——如果实施与行使控告权的愿望不相容的行为的，视为默示地放弃控告权；但是接受因犯罪所受损失的赔偿的行为，不妨碍被害人控告权的行使。

被害人的宽恕

第 105 条

对于告诉才处理的犯罪，如果受害人对行为人表示宽恕的，将导致诉讼的终止。

第 106 条

在诉讼过程中或者诉讼过程外明示或者默示地对行为人表示宽恕的：

I. 如果对一名被告人予以宽恕的，则效力及于所有被告人；

II. 如果受害人中的一人表示宽恕的，效力不能及于其他受害人；

III. 如果被告人拒绝宽恕的，则宽恕不发生效力。

§1. 如果实施与继续进行诉讼的愿望不相容的行为的，视为默示地宽恕被告人。

§2. 在判决宣告后，不允许被害人进行宽恕。

第八编　刑罚消灭

刑罚消灭事由

第107条

下列事由导致刑事责任的消灭：

I. 犯罪行为人死亡；

II. 大赦、赦免或者特赦；

III. 根据具有溯及既往效力的法律的规定不再认为构成犯罪；

IV. 已过时效、法律失效或者诉讼终止；

V. 自诉犯罪中，告诉权利被放弃或者得到宽恕；

VI. 在法律允许的情况下行为人承认其行为的；

VII. （废止）；[①]

VIII. （废止）；[②]

IX. 依法予以司法赦免。

第108条

在一个犯罪是其他犯罪的手段或者刑罚加重情节的情况下，适用于该罪的刑罚消灭事由不能及于其他犯罪。在数罪的情况

① 2005年3月29日第11106号法案废止VII。以前为：“VII—对于刑法典分则第六编第一章、第二章、第三章中规定的妨害风化罪，由于行为人和被害人结婚；”

② 2005年3月29日第11106号法案废止VIII。以前为：“VIII—实施前项所列犯罪的行为人犯罪时未使用暴力或者严重胁迫，被害人与第三方结婚，警方未在结婚仪式举行之日起60日内对行为人启动刑事侦查程序的；”

下，对其中一罪适用刑罚消灭事由，不影响对其他犯罪予以加重处罚。

终审有罪判决作出前的时效

第 109 条

在有罪的终审判决作出之前，除第 110 条 §1 和 §2 规定的情况外，适用于该犯罪的时效，应当以所应当适用的剥夺自由刑的最高刑为依据如下确定：

I. 如果最高刑超过 12 年的，经过 20 年；

II. 如果最高刑超过 8 年但未超过 12 年的，经过 16 年；

III. 如果最高刑超过 4 年但未超过 8 年的，经过 12 年；

IV. 如果最高刑超过 2 年但未超过 4 年的，经过 8 年；

V. 如果最高刑等于或者超过 1 年但未超过 2 年的，经过 4 年；

VI. 如果最高刑低于 1 年的，经过 2 年。

剥夺权利刑的时效

独立款——对于应当适用剥夺权利刑的犯罪，按照与前述的剥夺自由刑相同的方法确定其时效期间。

终审有罪判决作出后的时效[①]

第 110 条

在终审的有罪判决作出之后，应当以所被判处的刑罚为基准并参照前条规定确定时效期间，如果行为人构成累犯的，时效期间应当增加 1/3。

§1. 在针对指控作出有罪判决之后或者对该判决提出上诉之后，以所被判处的刑罚作为基准确定时效期间。

---

① 这里指的是行刑时效——译者注。

§2. 前项规定的时效，从被告发或者告诉的前一日起算。

终审有罪判决作出前之时效的起算

第111条

终审有罪判决作出前之时效从下列时间开始计算：

I. 从犯罪完成之日起计算；

II. 在犯罪未遂的情况下，从犯罪活动停止之日起计算；

III. 对于持续犯，从该持续状态结束之日起计算；

IV. 对于重婚罪与就不存在的出生进行登记罪，从事实被发觉之日起计算。

终审有罪判决作出后之时效的起算

第112条

本法典第110条规定的时效从下列时间开始计算：

I. 从针对指控作出有罪判决之日或者撤销缓刑、假释之日起开始计算；

II. 从服刑中断之日起计算，但按照规定这种中断应当计入刑期的情况除外。

脱逃或者假释时的时效

第113条

如果罪犯脱逃或者其假释被撤销的，应当以剩余的未执行刑期作为确定行刑时效期间长短的基准。

罚金的时效

第114条

罚金刑的时效期间为：①

I. 对于单处之罚金，时效期间为2年；

---

① 1996年4月1日第9268号法案对本条首部和I、II进行了修正。

II. 对于选科或者并科之罚金与并科之罚金，按照与剥夺自由刑相同的方法确定其时效期间。

时效期间的缩减

第 115 条

如果行为人在犯罪之时不满 21 周岁或者已经超过 70 周岁的，时效期间减少 1/2。

时效中止

第 116 条

在终审判决作出之前，如果存在下列情形之一的，该罪的时效期间不能开始计算：

I. 在另外的诉讼中尚未对是否构成犯罪的问题作出决定；

II. 行为人在国外服刑。

独立款——在终审有罪判决作出之后，行为人因为其他原因正处于被拘禁状态的，时效不能开始计算。

时效中断

第 117 条

下列情形将导致时效期间进程中断：

I. 被告发或者告诉；

II. 被通知；

III. 通知的确认决定；

IV. 公布判决或者决定上诉；①

V. 开始或者继续服刑；②

VI. 构成累犯。

§1. 除本条 V 和 VI 规定的情形外，时效中断的效力及于所

① 2007 年 11 月 29 日第 11596 号法案对 IV 进行了修正。

② 1996 年 4 月 1 日第 9268 号法案对 V、VI 进行了修正。

有的犯罪行为人。对于同一案件中针对行为对象所实施的相关联的数个犯罪，如果其中一个犯罪出现时效中断，效力延伸至其他犯罪。

§2. 时效中断后，时效期间从中断之日起重新开始计算，但本条 V 规定的情形除外。

第 118 条

行为人被判处数个刑罚的，对较轻的刑罚适用与最重的刑罚相同的时效。

第 119 条

在数罪并罚的情况下，刑罚消灭事由只能单独地对其中的各个刑罚适用。

司法赦免

第 120 条

刑罚被司法赦免的，不妨碍累犯的成立。

分　则

第一编　侵害人身罪

第一章　剥夺生命罪

普通杀人罪

第 121 条

杀害他人的：

刑罚——6 年以上 20 年以下监禁。

刑罚减轻

§1. 如果犯罪人出于与社会的或者道德的价值观有关的原因，或者由于被害人的不正当挑衅而引起的，在激情支配下实施犯罪的，法官可以减轻刑罚 1/6 至 1/3。

杀人罪的加重情形

§2. 如果杀人罪的实施具有下列情形之一的：

I. 以收买或者许诺给予报酬的方式或者出于其他卑鄙的原因；

II. 出于下流的原因；

III. 使用毒药、放火、爆炸物、致窒息物质、折磨、诱人上当、残酷的手段，或者可能造成公共危险的手段；

IV. 以背信、伪装或者使被害人难以或者不可能防卫的其他手段；

V. 是为了确保其他犯罪的实施，或者为了使其他犯罪被掩饰或者逃避惩罚或者从中获利的：

刑罚——12 年以上 30 年以下监禁。

过失致人死亡罪

§3. 过失致人死亡的：

刑罚——1 年以上 3 年以下拘役。

刑罚加重

§4. 在过失致人死亡的案件中，如果是由于行为人违反了职业、技能或者职能的技术操作规范所致，或者不即刻向被害人提供救助，或者不尽力将其行为的结果减轻到最低程度，或者为了避免当场被逮捕而逃跑的，加重刑罚 1/3。如果犯罪对象是未满 14 周岁的人或者年满 60 周岁的人，加重刑罚 1/3。①

§5. 对于过失致人死亡的案件，如果犯罪行为自身造成的后果就严重到了前述刑罚不足以实现罪刑相称的程度的，法官可以不再适用前述刑罚，而以其他犯罪论处。②

引诱自杀罪、教唆自杀罪、帮助自杀罪

第 122 条

引诱或者教唆他人自杀或者对他人的自杀行为提供帮助的：

刑罚——如果自杀既遂的，处 2 年以上 6 年以下监禁；如果

---

① 2003 年 10 月 1 日第 10741 号法案对 §4 进行了修正。

② 1977 年 5 月 24 日第 6416 号法案新增了 §5。

自杀未遂但是造成严重的身体伤害后果的，处 1 年以上 3 年以下监禁。

独立款——有下列情形之一的，加重刑罚 1 倍：

刑罚加重

I. 如果出于自私自利的动机实施犯罪的；

II. 如果被害人是未成年人或者其反抗能力因为任何原因而被减弱的。

杀婴罪

第 123 条

在生产过程中或者生产之后紧随的时间里，在分娩状态的作用下杀害自己的婴儿的：

刑罚——2 年以上 6 年以下拘役。

自己堕胎或者同意他人为自己堕胎罪

第 124 条

造成自己堕胎或者同意他人为自己堕胎的：

刑罚——1 年以上 3 年以下拘役。

为他人堕胎罪

第 125 条

未获得孕妇的同意造成其堕胎的：

刑罚——3 年以上 10 年以下监禁。

第 126 条

获得孕妇的同意造成其堕胎的：

刑罚——1 年以上 4 年以下监禁。

独立款——如果该孕妇未满 14 周岁、精神错乱或者智力发育不健全或者行为人是使用欺骗、严重威胁、暴力手段获得被害人同意的，适用前一条规定的刑罚。

堕胎罪的加重情形

第 127 条

如果堕胎行为或者堕胎中所使用的手段对孕妇的身体造成严重伤害的，在前两条规定的基础上加重刑罚 1/3；如果因为前述原因造成孕妇死亡的，在前两条规定的基础上加重刑罚 1 倍。

第 128 条

如果堕胎由医生实施并符合下列条件的，不追究刑事责任：

紧急避险的堕胎

I. 除了堕胎之外没有其他方法可以挽救该孕妇的生命的；

强奸所致怀孕的堕胎

II. 如果怀孕是由于强奸所致，对其堕胎事先获得该孕妇的同意或者在该孕妇不具有同意能力的情况下获得其法定代理人的同意的。

第二章　伤害身体罪

伤害罪

第 129 条

损害他人的身体完整性或者健康的：

刑罚——3 个月以上 1 年以下拘役。

重伤

§1. 如果导致下列情形之一的：

I. 不能从事其惯常职业超过 30 日的；

II. 生命危险；

III. 使四肢、感官或者功能终身衰弱的；

IV. 早产：

刑罚——1 年以上 5 年以下监禁。

§2. 如果导致下列情形之一的：

I. 终身失去劳动能力；

II. 不能治愈的疾病；

III. 使四肢、感官或者功能缺失或者丧失的；

IV. 终身残疾；

V. 堕胎：

刑罚——2 年以上 8 年以下监禁。

伤害致死

§3. 如果造成死亡后果的，而各种情节证明行为人既不希望造成死亡后果也未容认产生死亡后果的风险的：

刑罚——4 年以上 12 年以下监禁。

刑罚减轻

§4. 如果行为人在与社会的或者道德的价值观念有关的动机的驱使下实施犯罪，或者在被害人的不正当的挑衅引起的激情作用下实施犯罪的，法官可以减轻刑罚 1/6 至 1/3。

刑罚替代

§5. 如果没有造成重伤后果并具备下列条件之一的，法官还可以罚金来替代拘役：

I. 具备 §4 规定的情节之一的；

II. 属于相互之间的伤害的。

过失伤害罪

§6. 过失导致伤害的：

刑罚——2 个月以上 1 年以下拘役。

刑罚加重

§7. 如果具有第121条§4中规定的假定情节之一的，加重刑罚1/3。[①]

§8. 对过失伤害，适用第121条§5中的规定。[②]

家庭暴力罪

§9. 如果针对尊亲属、卑亲属、兄弟姐妹、配偶或者同居者、正在一起居住的人或者以前曾经与行为人一起居住但与其有亲属关系、同居关系、作为客人招待过的人，造成伤害的：[③]

刑罚——3个月以上3年以下拘役。[④]

§10. 如果针对本条§9中所列举的对象实施本条§1、§2、§3所规定的行为的，加重刑罚1/3。[⑤]

§11. 如果针对残疾人实施的本条§9中所列举的行为的，加重刑罚1/3。[⑥]

---

① 1990年7月13日第8069号法案对§7进行了修正。

② 1990年7月13日第8069号法案对§8进行了修正。

③ 2004年6月17日第10886号法案新增§9。

④ 2006年8月7日第11340号法案加重了刑罚。

⑤ 2004年6月17日第10886号法案新增§10。

⑥ 2006年8月7日第11340号法案新增§11，自公布之日2006年8月8日起满45日后施行。

第三章　威胁生命与健康罪

传播性病罪

第130条

明知或者应知自己患有传染性性病，仍然通过性交或者任何猥亵行为使他人处于受感染的危险状态的：

刑罚——3个月以上1年以下拘役或者罚金。

§1. 如果行为人是故意地传播疾病的：

刑罚——1年以上4年以下监禁，并处罚金。

§2. 本罪只有提出告诉的才处理。

传播严重疾病罪

第131条

出于将自己患有的严重疾病传播给他人的目的，实施可能导致这种传染的行为的：

刑罚——1年以上4年以下监禁，并处罚金。

危及他人生命或者健康罪

第132条

使他人的生命或者健康处于直接的迫近的危险之中的：

刑罚——如果未构成更严重的其他犯罪的，处3个月以上1年以下拘役。

独立款——如果以不符合法定标准的设备提供客运交通服务，从而使他人的生命或者健康处于其所产生的危险中的，加重刑罚1/6至1/3。[①]

遗弃无能力人罪

第133条

将置于其照料、看管、监护或者权力之下的人遗弃，而被遗弃人因此处于不能保护其免受遗弃所产生的危险之中的：

刑罚——6个月以上3年以下拘役。

§1. 如果遗弃造成严重的身体伤害的：

刑罚——1年以上5年以下监禁。

§2. 如果遗弃造成死亡的：

刑罚——4年以上12年以下监禁。

刑罚加重

§3. 如果具有下列情形之一的，本条规定的刑罚加重1/3：

I. 遗弃行为发生于相当偏僻的地方的；

II. 行为人是被害人的尊亲属、卑亲属、配偶、兄弟姐妹、监护人或者保佐人的；

III. 被害人是年满60周岁的人的。[②]

遗弃或者丢弃婴儿罪

第134条

为了隐瞒自己不光彩的事情而遗弃或者丢弃婴儿的：

刑罚——6个月以上2年以下拘役。

§1. 如果造成严重的身体伤害的：

刑罚——1年以上3年以下拘役。

§2. 如果造成死亡后果的：

刑罚——2年以上6年以下拘役。

---

① 1998年12月29日第9777号法案新增独立款。

② 2003年10月1日第10741号法案新增III。

见危不救罪

第 135 条

在有能力进行救助且不需冒人身危险的情况下，不救助被遗弃或者迷路的儿童，或者不救助处于不能自立状态或者处于迫近的重大危险的残疾人或者受伤人，或者在此情况下不向公共机构请求救助的：

刑罚—1 个月以上 6 个月以下拘役或者罚金。

独立款——如果该不作为导致严重的身体伤害的，加重刑罚 1/2；如果导致人员死亡的，加重刑罚 2 倍。

虐待罪

第 136 条

对因为非高等教育、高等教育、治疗、看管等原因而置于其权力、保护、监督之下的人，采取剥夺必需的食物或者照顾、使之承担过度的或者不适当的劳动或者滥用矫正或者纪律手段的方法，使之生命或者健康置于危险处境的：

刑罚——2 个月以上 1 年以下拘役或者罚金。

§1. 如果造成严重的身体伤害的：

刑罚——1 年以上 4 年以下监禁。

§2. 如果造成死亡后果的：

刑罚——4 年以上 12 年以下监禁。

§3. 如果针对不满 14 周岁的人实施本罪的，加重刑罚 1/3。①

① 1990 年 7 月 13 日第 8069 号法案新增 §3。

第四章　斗殴罪

斗殴罪

第 137 条

除非是为了制止斗殴者而为之，否则参加斗殴的：

刑罚——15 日以上 2 个月以下拘役或者罚金。

独立款——如果所参加的斗殴造成死亡或者严重的身体伤害的，处 6 个月以上 2 年以下拘役。

第五章　破坏名誉罪

诽谤罪

第 138 条

虚假地指控他人实施了犯罪行为的：

刑罚——6 个月以上 2 年以下拘役，并处罚金。

§1．明知是虚假的指控仍然宣传或者传播的，处以相同的刑罚。

§2．对逝者进行诽谤的，也应当追究刑事责任。

真实性抗辩

§3．除非属于下列情况，否则允许行为人证明其指控内容的真实性：

I. 如果诽谤所指控的是提出告诉才处理的犯罪，而对被害人尚未作出不可上诉的有罪判决的；

II. 如果针对第 141 条 I 中所列的任何人员进行诽谤指控的；

III. 如果诽谤所指控的是公诉犯罪，而被害人已经被不可上诉的判决宣告无罪的。

污蔑罪

第 139 条

以把破坏名誉的事实归之于他人的方法对其进行污蔑的：

刑罚——3 个月以上 1 年以下拘役，并处罚金。

真实性抗辩

独立款——只有被害人是公务员并且行为人的污蔑行为与被害人行使职权有关时，才允许行为人对指控内容提出真实性抗辩。

侮辱罪

第 140 条

以辱骂的方式侵害他人尊严的：

刑罚——1 个月以上 6 个月以下拘役或者罚金。

§1. 有下列情况之一的，法官可以不判处刑罚：

I. 如果被害人对侮辱行为的发生负有应受谴责的直接责任的；

II. 如果被害人立刻实施也可构成侮辱的报复行为的。

§2. 如果以暴力方式实施侮辱，或者以从性质上或者所使用的工具来看具有侮辱性的行为实施侮辱的：

刑罚——3 个月以上 1 年以下拘役，并处罚金，并且不影响对暴力另外处以相应的刑罚。

§3. 如果使用与种族、肤色、人种、宗教或者出身有关的

要素实施侮辱的：[①]

刑罚——1 年以上 3 年以下监禁，并处罚金。

共同条款

第 141 条

实施下列犯罪的，在本章前述各条规定的刑罚基础上加重 1/3处罚：

I. 针对共和国总统或者外国政府的首脑实施的；

II. 出于公务员所从事的职务的原因而针对公务员实施的；

III. 当着众人的面实施犯罪，或者以便于诽谤、污蔑、侮辱内容传播的手段实施犯罪的；

IV. 除侮辱罪外，针对已满 60 周岁的人或者残疾人实施的。[②]

独立款——如果出于收买或者许诺给予报酬的原因而实施犯罪的，加重刑罚 1 倍。

犯罪阻却事由

第 142 条

下列情形不属于应当追究刑事责任的侮辱或者诽谤：

I. 当事人及其代理人在法庭上对争议问题进行辩论的过程中有侮辱或者诽谤行为的；

II. 对文学、艺术、科学问题发表反对意见，除非其具有明显的侮辱或者诽谤意图的；

III. 公务员为执行公务而在评价或者通知中表达不利于他人的意见的。

独立款——任何人如果将 I 和 III 中所指情形公开的，应当对

---

① 2003 年 10 月 1 日第 10741 号法案对 § 3 进行了修正。

② 2003 年 10 月 1 日第 10741 号法案新增 IV。

其中的侮辱或者诽谤承担责任。

承认

第 143 条

在对被害人作出判决之前，如果行为人完全地承认其诽谤或者污蔑的，免除刑罚处罚。

第 144 条

如果推测他人的引用、暗指、话语中暗含对自己的诽谤、污蔑、侮辱的，可以要求该他人到法院作出解释。如果该他人拒绝进行解释或者不能按照法官的要求作出满意的解释的，应当承担诽谤、污蔑、侮辱的责任。

第 145 条

本章所规定的犯罪，提出告诉的才处理，但第 140 条 §2 中规定的以暴力造成人身伤害的案件除外。

独立款——对本章第 141 条 I 中所规定的罪行，只有在司法部长提出请求的情况下才进行追诉；对同条 II 中所规定的罪行，只有被害人提出告诉的才处理。

第六章　侵犯个人自由罪

第一节　侵犯人身自由罪

非法强迫罪

第 146 条

以暴力、严重威胁或者任何削弱反抗能力的方法，强迫他人不实施法律所允许的行为或者实施法律所不允许的行为的：

刑罚——3 个月以上 1 年以下拘役或者罚金。

刑罚加重

§1. 如果为了实施本罪纠集超过 3 个人或者使用了武器的，合并执行被判处的各个刑罚，并且加重刑罚 1 倍。

§2. 如果使用了暴力的，除了判处前述规定的刑罚外，还应当对暴力行为判处相应的刑罚。

§3. 对下列情形不适用本条的规定：

I. 如果为了救助迫近的生命危险所必需而在未获得病人或其法定代理人同意情况下，对病人实施治疗或者外科手术的；

II. 为了阻止自杀而对之所实施的强制。

胁迫罪

第 147 条

使用言辞、文字、手势或者任何其他象征性的手段，威胁对他人造成非法的严重损害后果的：

刑罚——1 个月以上 6 个月以下拘役或者罚金。

独立款——本罪告诉才处理。

非法逮捕或者监禁罪

第 148 条

以绑架或者私自拘禁的方式剥夺他人自由的：

刑罚——1 年以上 3 年以下监禁。

§1. 有下列情形之一的，处 2 年以上 5 年以下监禁：

I. 如果被害人是行为人的尊亲属、卑亲属、配偶、同居者或者是年满 60 周岁的人的；[①]

II. 以将被害人送进疗养院或者医院住院治疗的方式实施的；

III. 如果剥夺他人自由超过 15 日的；

IV. 针对不满 18 周岁的人实施的；[②]

V. 如果出于淫荡的目的而实施犯罪的。[③]

§2. 如果由于虐待或者拘禁性质的原因给被害人造成身体上或者精神上的严重痛苦的：

刑罚——2 年以上 8 年以下监禁。

使人为奴罪

第 149 条

将他人减等置于类似奴隶的状况下，或者让他人从事强制劳动或者超过工作时间长度的劳动，或者在有损尊严的条件下劳动，或者以任何手段限制雇员对与雇主或其代理人之间签订的合同的义务内容提出修改的权利的：[④]

---

① 2005 年 3 月 28 日第 11106 号法案对 I 进行了修正。

② 2005 年 3 月 28 日第 11106 号法案新增 IV。

③ 2005 年 3 月 28 日第 11106 号法案新增 V。

④ 2003 年 12 月 11 日第 10803 号法案进行了修正。

刑罚——2年以上8年以下监禁，并处罚金，并且不影响对暴力另外处以相应的刑罚。

§1. 有下列情形之一的，处相同的刑罚：

I. 为了使雇员停留在工作场所，而禁止雇员使用任何通信手段的；

II. 为了使雇员停留在工作场所，而在工作场所对雇员进行监视或者扣留雇员的个人文书或者物品的。①

§2. 如果犯罪的实施具有下列情形之一的，加重刑罚1/2：

I. 针对儿童或者青少年实施的；

II. 出于对种族、肤色、人种、宗教或者出身的偏见等原因而实施犯罪的。

第二节　妨害不可侵犯之住宅罪

侵犯住宅罪

第150条

违背他人明示或者暗示的意志，非法地或者狡猾地进入或者停留于他人的住宅或者其附属建筑物内的：

刑罚——1个月以上3个月以下拘役或者罚金。

§1. 如果本罪实施于夜间或者相当偏僻的场所，或者使用暴力或者武器实施，或者由两个或者两个以上的人实施的：

刑罚——6个月以上2年以下拘役，并且不影响对暴力另外处以相应的刑罚。

§2. 如果本罪是由公务员在非法定情形下实施、违反法定

① 2003年12月11日第10803号法案新增§1、§2。

的程序而实施或者滥用职权而实施的，加重刑罚1/3。

§3. 在下列情形下，进入或者停留于他人的住宅或者其附属建筑物内的行为不构成犯罪：

I. 在白天，按照法定形式执行逮捕或者其他合法调查的；

II. 在白天或者夜间的任何时候，当犯罪正在其中实施或者即将在其中实施的。

§4. “住宅”的概念包括：

I. 任何有人居住的隔间；

II. 任何被用作集体居住的房间；

III. 从事职业或者活动的不对公众开放的隔间。

§5. “住宅”的概念不包括：

I. 宾馆、旅店或者§4下II中规定以外的开放性的集体住宅；

II. 小酒店、赌场或者类似的其他场所。

第三节　妨害不可侵犯之通信罪

侵犯通信罪

第151条

非法拆看邮寄给他人的被封缄的信件的：

刑罚——1个月以上6个月以下拘役或者罚金。

扣留、损毁信件罪

§1. 有下列情形之一的，处相同的刑罚：

I. 非法占有未封缄的他人信件并且部分或者全部地予以扣留或者毁坏的；

侵犯电报、无线电、电话通信罪

II. 对发给第三人的电报、无线电通信或者他人之间的通话内容，非法予以泄露、传播给其他人或者进行滥用的；

III. 阻碍 II 中提到的通信或者谈话的；

IV. 不遵守法律的规定设立或者使用无线电台或者无线电装置。

§2. 如果给他人造成损失的，加重刑罚 1/2。

§3. 如果是行为人滥用其从事邮政、电报、无线电通信、电话服务的职权而实施本罪的：

刑罚——1 年以上 3 年以下拘役。

§4. 除了 §1 下 IV 和 §3 中规定的情形外，提出告诉的才处理。

侵犯商业通信罪

第 152 条

滥用工商业机构的股东或者雇员身份，全部或者部分地转移、隐匿、骗取、扣押信件或者向外人泄露其内容的：

刑罚——3 个月以上 2 年以下拘役。

独立款——本罪只有提出告诉的才处理。

第四节　妨害不可侵犯之秘密罪

泄露秘密罪

第 153 条

将其收到或者由其保管的特殊文书或者秘密信件的内容，无正当理由泄露给其他人，可能对他人造成损害的：

刑罚——1 个月以上 6 个月以下拘役或者罚金。

§1A. 将法律规定为秘密或者限定知悉范围的且不为公共管理信息系统或者数据库所包含的信息，无正当理由泄露给其他人的：[①]

刑罚——1年以上4年以下拘役，并处罚金。

§1. 本罪只有提出告诉的才处理。[②]

§2. 在对公共管理造成损害的情况下，为公诉罪。[③]

侵犯业务秘密罪

第154条

将由于其职权、官职、职位、职业而知悉的秘密，无正当理由泄露给其他人，可能对他人造成损害的：

刑罚——3个月以上1年以下拘役或者罚金。

独立款——本罪只有提出告诉的才处理。

---

① 2000年7月14日第9983号法案新增§1A，从2000年7月17日在《联邦政府公报》上公布满90日后起施行。

② 原来的独立款，2000年7月14日第9983号法案重新排列顺序，从2000年7月17日在《联邦政府公报》上公布满90日后起施行。

③ 2000年7月14日第9983号法案新增§2，从2000年7月17日在《联邦政府公报》上公布满90日后起施行。

第二编　侵犯财产罪

第一章　盗窃罪

盗窃罪

第155条

为本人或者他人而窃取动产的：

刑罚——1年以上4年以下监禁，并处罚金。

§1. 如果本罪实施于夜间睡眠期间的，加重刑罚1/3。

§2. 如果行为人是初犯并且所盗物品价值较小的，法官可以决定以拘役替代监禁并减轻刑罚1/3至2/3，或者单处罚金。

§3. 窃取电力或者任何其他具有经济价值物品的，处与窃取动产相同的刑罚。

盗窃罪的加重情形

§4. 如果犯罪的实施具有下列情形之一的，处2年以上8年以下监禁：

I. 通过毁灭或者破坏障碍物的方式而实施盗窃的；

II. 滥用他人的信任或者以欺骗、攀爬、技能为手段实施的；

III. 利用撬锁工具实施的；

IV. 由两个或者两个以上的人共同实施的。

§5. 如果窃取将要开往其他州或者国外的机动交通工具的，处3年以上8年以下监禁。[①]

盗窃共同财产

第156条

共有人、共同继承人或者合伙人，为本人或者他人窃取由其合法占有的共同财产的：

刑罚——6个月以上2年以下拘役或者罚金。

§1. 本罪只有提出告诉的才处理。

§2. 如果所窃取的共同财产为种类物，且所窃取的价值未超过行为人所有的份额的，不追究刑事责任。

第二章　抢劫罪与敲诈罪

抢劫罪

第157条

以针对人身的暴力或者严重威胁为手段为本人或者他人劫取他人动产，或者在获取他人动产之后以任何手段使其无法反抗的：

刑罚——4年以上10年以下监禁，并处罚金。

§1. 为使自己或者第三人逃避惩罚或者维护赃物，在盗窃实施之后即刻针对他人的人身实施暴力或者严重威胁的，处以相同的刑罚。

---

① 1996年12月24日第9426号法案新增§5。

§2. 有下列情形之一的，加重刑罚 1/3 至 1/2：

I. 如果以使用武器的方式实施暴力或者威胁的；

II. 如果是由两个或者两个以上的人共同实施的；

III. 如果行为人明知被害人正在履行运送贵重物品的任务而对其实施的；

IV. 如果抢劫开往其他州或者国外的机动交通工具的；①

V. 如果行为人以限制自由的方式使被害人置于其控制之下的。

§3. 如果所使用的暴力给他人造成严重的身体伤害的，处 7 年以上 15 年以下监禁，并处罚金；如果致人死亡的，处 20 年以上 30 年以下监禁，并处罚金。②

敲诈罪

第 158 条

为本人或者他人获取不正当的经济利益而使用暴力或者严重威胁手段，强迫他人做某事、容忍某事或者不做某事的：

刑罚——4 年以上 10 年以下监禁，并处罚金。

§1. 如果本罪是由两个或者两个以上的人实施，或者使用武器实施的，加重刑罚 1/3 至 1/2。

§2. 如果使用暴力实施敲诈的，适用前条 §3 的规定进行处罚。

绑架勒索罪

第 159 条

为本人或者他人获取不正当的经济利益，绑架他人作为人质

---

① 1996 年 12 月 24 日第 9426 号法案新增 IV、V。

② 1996 年 12 月 24 日第 9426 号法案对 §3 进行了修正。

或者作为支付赎金赎回的条件的：[①]

刑罚——8 年以上 15 年以下监禁。

§1．如果绑架他人超过 24 小时、被绑架人未满 18 周岁或者已满 60 周岁、结伙或者集团犯罪的：[②]

刑罚——12 年以上 20 年以下监禁。

§2．如果造成严重的身体伤害的：

刑罚——16 年以上 24 年以下监禁。

§3．如果造成死亡后果的：

刑罚——24 年以上 30 年以下监禁。

§4．在共同犯罪的情况下，如果部分共同犯罪人向有权机关自首并且为释放被绑架人提供方便的，减轻刑罚 1/3 至 2/3。[③]

间接敲诈罪

第 160 条

滥用他人的困难处境，要求提供或者接受提供某种文书作为债务担保，而该文书可能引起对被害人或者第三人提起刑事追诉的：

刑罚——1 年以上 3 年以下监禁，并处罚金。

---

① 1990 年 7 月 25 日第 8072 号法案对本条首部和 §1、§2、§3 进行了修正。

② 2003 年 10 月 1 日第 10741 号法案对 §1 进行了修正。

③ 1996 年 4 月 2 日第 9269 号法案对 §4 进行了修正。

第三章　侵夺罪

变更分界线罪

第 161 条

以去除或者移动篱笆、界线或者其他任何分界标志的手段，全部或者部分地侵夺他人的不动产的：

刑罚——1 个月以上 6 个月以下拘役，并处罚金。

§1. 有下列情形之一的，处以相同的刑罚：

攫取水源

I. 为本人或者他人改道或者堵截他人水源的；

强夺不动产

II. 使用暴力或者严重威胁手段或者由两个或者两个以上的人共同侵入他人土地或者建筑物，以攫取其占有权的。

§2. 如果犯罪人使用暴力的，还应当对其暴力行为处以相应的刑罚。

§3. 如果本罪是针对私人财产实施且未使用暴力的，只有提出告诉的才处理。

去除或者改变牲畜标记罪

第 162 条

对他人在其牛群或者畜群上施加的用以表明其财产权的标志或者记号，予以非法去除或者改变的：

刑罚——6 个月以上 3 年以下拘役，并处罚金。

第四章　损毁罪

损毁罪

第 163 条

对他人的财产进行毁灭、使之陷入无法使用状态或者破坏的：

刑罚——1 个月以上 6 个月以下拘役或者罚金。

损毁罪的加重情形

独立款——如果犯罪的实施具有下列情形之一的：

I. 针对人身使用暴力或者严重威胁的；

II. 使用易燃物或者爆炸物但未构成其他更严重的犯罪的；

III. 针对联邦、州、市、从事公用事业的企业、综合经济组织的财产实施的；①

IV. 出于自私自利的原因或者给被害人造成严重损害的：

刑罚——6 个月以上 3 年以下拘役，并处罚金，并且不影响对暴力另外处以相应的刑罚。

将牲畜引入或者放纵于他人土地之上罪

第 164 条

未经权利人同意，将牲畜引入或者放纵于他人的土地之上，如果对他人造成损害的：

刑罚——15 日以上 6 个月以下拘役或者罚金。

---

① 1967 年 11 月 3 日第 5346 号法案对 III 进行了修正。

损毁有艺术、考古或者历史价值的物品罪

第 165 条

对被有权机关注册登记的具有艺术、考古、历史价值的物品进行毁灭，使之陷入无法使用状态或者被破坏的：

刑罚——6 个月以上 2 年以下拘役，并处罚金。

改变受特别保护地点罪

第 166 条

在未经有权机关许可的情况下，对法律给予特别保护的地点的外观予以改变的：

刑罚——1 个月以上 1 年以下拘役或者罚金。

刑事起诉

第 167 条

对第 163 条的首部、独立款下的 IV 和第 164 条规定的犯罪，只有提出告诉的才处理。

第五章　侵占罪

侵占罪

第 168 条

对他人所有或者占有的动产予以侵占的：

刑罚——1 年以上 4 年以下监禁，并处罚金。

刑罚加重

§1．如果犯罪人是由于下列原因而获得这些财产的，加重刑罚 1/3：

I. 储备的应急必需品；

II. 利用监护人、保佐人、破产产业管理人、清算人、遗嘱执行人、司法执行人、司法托管人的身份；

III. 利用职务、职业或者行业之便利。

非法侵占社会福利金罪

第 168 条 A

对其按照法律的或者条例规定的时间和方式从社会福利金缴费人处征收的缴费，不予解缴的：①

刑罚——2 年以上 5 年以下监禁，并处罚金。

§1. 如果不实施下列行为的，处以相同的刑罚：

I. 对其以扣减工资的形式或者向公众征收的缴费或者其他重要的社会福利金，不在法定的时间内支付给被保险人或者第三人的；

II. 将会计费用或者与销售产品或者提供服务相关的费用并入社会福利金进行征收；

III. 在社会福利金向某一企业偿付各种费用或者有价之物时向被保险人支付所应付的给付金。

§2. 如果行为人在开始对其提起税务诉讼之前，主动地进行申报，承认其欠缴费用、缴纳行为的重要性、欠缴数额且实际支付费用的，并且按照法律或者条例规定的方式提供应缴的社会福利金的信息的，免除刑罚处罚。

§3. 如果行为人是初犯、具有良好的一贯表现且具备下列条件的，法官可以不判处其刑罚或者只单处罚金：

I. 在开始对其提起税务诉讼或者被害人提出告诉之前，支付

① 2000 年 7 月 14 日第 9983 号法案新增第 168 条 A，从 2000 年 7 月 17 日在《联邦政府公报》上公布满 90 日后起施行。

社会福利费用（包括附属费用）的；

II. 所欠缴费（包括附属费用）等于或者少于按照行政方式确定的社会福利金的最低税务执行数额的。

因为认识错误、偶然事件或者自然力量而侵占他人财物

第 169 条

侵占由于认识错误、偶然事件或自然力量而被其控制的他人财物的：

刑罚——1 个月以上 1 年以下拘役或者罚金。

独立款——有下列情形之一的，处以相同的刑罚：

侵占贵重物品

I. 在他人的建筑物中发现贵重物品的人，将建筑物所有人对该贵重物品有权享有的份额全部或者部分地予以侵占的；

侵占遗失物

II. 发现他人遗失物的人，不在 15 日以内归还给其合法的所有人或者交付给有权机关，将其全部或者部分地予以侵占的。

第 170 条

第 155 条 § 2 的规定适用于本章规定的各罪。

第六章　诈骗罪与其他诈欺犯罪

诈骗罪

第 171 条

为了自己或者第三人获得非法利益，以圈套、诡计或者任何其他欺骗手段，使他人陷入或者停留于错误认识之中，给他人造成损害的：

刑罚——1 年以上 5 年以下监禁，并处罚金。

§1. 如果行为人是初犯且所造成损害的价值较小的，法官可以按照第 152 条 §2 的规定判处刑罚。

§2. 有下列情形之一的，处以相同的刑罚：

把他人的财产作为自己的财产处分

I. 把他人的财产作为自己的财产予以出售、交换、支付、租赁、抵押的；

欺诈性转让或者抵押自己的财产

II. 对因为属于被留置物或者争议标的而不能转让的本人财产或者已经承诺以分期付款形式出售给第三人的本人动产，在不说明上述事实的情况下予以出售、交换、支付、租赁、抵押的；

抵押诈骗

III. 在其占有抵押物时，在未经债权人同意的情况下予以转让或者以其他方式处分抵押物实施诈骗的；

物品交付中的诈骗

IV. 在应当交付他人的物品的材料、数量、质量上实施欺诈的；

获取赔偿或者保险金中的诈骗

V. 出于获得赔偿或者保险金的目的，全部或者部分损坏自己的财产、隐匿自己的财产、损害自己的身体或者健康、加重这种伤害或者疾病的后果的；

支票支付中的诈骗

VI. 签发无足够的资金储备进行支付的空头支票或者使这一支付无法实现的。

§3. 如果针对公法人或者大众经济机构、社会救济机构、福利机构实施本罪的，加重刑罚1/3。

签发虚假的证明副本罪

第172条

签发与所销售的产品或者所提供的服务的数量或者质量不符的发票、销售收据或者副本的：①

刑罚——2年以上4年以下拘役，并处罚金。

独立款——伪造或者篡改其副本登记簿上的账目记载的，处以相同的刑罚。②

欺骗无能力人罪

第173条

为了自己或者其他人的利益，利用他人的危急处境、激情状态、年幼无知、精神错乱、智力不健全，引诱他人实施可能对其本人或者第三人产生损害法律后果的任何行为的：

刑罚——2年以上6年以下监禁，并处罚金。

引诱他人实施投机事业罪

第174条

为了自己或者其他人的利益，利用他人缺乏经验、头脑简单、智力低下，在知道或者应当知道该种交易容易导致损害的情况下，引诱他人实施赌博或者投注、证券或者商品投机的：

刑罚——1年以上3年以下监禁，并处罚金。

商业诈骗罪

第175条

在商业活动中以下列手段蒙骗购买者或者消费者的：

I. 在商品销售中以假充真或者以次充好的；

---

① 1990年12月27日第8137号法案对本条首部进行了修正。

② 1968年7月18日第5474号法案对独立款进行了修正。

II. 将此种商品冒充彼种商品交付给他人的：

刑罚——6 个月以上 2 年以下拘役或者罚金。

§1. 在受委托加工他人制品的过程中，改变所使用金属的质量、重量或者以假的或者价值较低的石头替换宝石；将假宝石当作真宝石予以出售；把非贵重金属当作贵重金属予以出售：

刑罚——1 年以上 5 年以下监禁，并处罚金。

§2. 第 155 条 §2 的规定也可以适用于本罪。

其他诈骗罪

第 176 条

在饭店吃饭、在宾馆住宿、乘坐交通工具而不付费的：

刑罚——15 日以上 2 个月以下拘役或者罚金。

独立款——本罪只有提出告诉的才处理，法官可以根据情节酌情决定予以免除刑罚处罚。

股份公司设立或者管理中的欺诈和权利滥用罪

第 177 条

为了设立股份公司，在向公众或者参加设立会议的代表提交的创立计划书或者信息中，对公司的章程进行虚假陈述或者对公司的有关事实予以欺诈性隐瞒的：

刑罚——如果尚未构成危害大众经济罪的，处 1 年以上 4 年以下监禁，并处罚金。

§1. 有下列行为之一，如果尚未构成危害大众经济罪的，处以相同的刑罚：

I. 股份公司的董事、经理、监事在向公众或者股东会议提交的设立计划书、报告、意见书、总结、信息中，对公司的经济状况进行虚假陈述或者对公司的有关事实予以全部或者部分地欺诈性隐瞒的；

II. 股份公司的董事、经理、监事对公司的股票或者其他证券以任何诡计予以虚假地报价的；

III. 股份公司的董事、经理为了自己或者第三人的利益，在未经股东大会事先授权的情况下向公司进行借贷或者使用公司的物品、财产的；

IV. 股份公司的董事、经理在法律允许的情况之外以公司的名义买卖公司发行的股票的；

V. 股份公司的董事、经理在抵押或者其他担保中，接受他人以本公司的股票作为社会信用担保物的；

VI. 股份公司的董事、经理在不平账目、不按照账目记载、以虚假平账的方式欺骗性地私分利润或者红利的；

VII. 股份公司的董事、经理、监事直接或者通过中间人与股东串通，以批准账目或者意见书的；

VIII. 清算人实施 I、II、III、IV、V、VII 中规定的行为的；

IX. 被批准在本国经营的外国公司的代表人，实施 I、II 中规定的行为或者向政府当局提供虚假信息的。

§2. 股东为了自己或者他人获取利益，在股东大会的审议过程中以其投票权做交易的，处 6 个月以上 2 年以下拘役，并处罚金。

违法提供保证金或者保证罪

第 178 条

明知违反法律规定而提供保证金或者保证的：

刑罚——1 年以上 4 年以下监禁，并处罚金。

令状执行诈骗罪

第 179 条

以对财产进行转让、转移、毁灭、破坏或者虚构欠债的方式，欺诈性地逃避有关令状执行的：

刑罚——6 个月以上 2 年以下拘役或者罚金。

独立款——只有提出告诉的才处理。

第七章　窝赃罪

窝赃罪

第 180 条①

知道是犯罪所得的财物，仍然为本人或者他人予以购买、接受、运输、控制、藏匿或者对善意第三人施加影响使其购买、接受、藏匿的：

刑罚——1 年以上 4 年以下监禁，并处罚金。

窝赃罪的加重情形

§1. 应当知道是犯罪所得的物品，而为本人或者他人进行购买、接受、运输、控制、藏匿、寄存、拆卸、组合、重组、出售、待售或者在实施商业活动或者工业活动的过程中以任何形式加以使用的：

刑罚——3 年以上 8 年以下拘役，并处罚金。

§2. 以任何方式进行的不合常规的或者非法的交易（包括

① 1996 年 12 月 24 日第 9426 号法案对第 180 条进行了修正。

家庭成员之间的这种交易），视为§1中所指的商业活动。

§3. 依据物品的性质、价值与价格的不相称或者提供者的状况能够推定其是以犯罪手段获得的物品，却仍然购买或者接受的：

刑罚——1个月以上1年以下拘役，单处或者并处罚金。

§4. 即使产生赃物之犯罪的行为人尚未查明或者被免除刑罚处罚，也应当对窝赃行为追究刑事责任。

§5. 如果§4规定情形的行为人是初犯的，法官可以考虑情节不予刑罚处罚。但如果该行为人是故意窝赃的，则应当适用第155条§2的规定。

§6. 如果赃物是属于联邦、州、市、从事公用事业的企业、综合经济组织财产的物品或者设备的，本条首部规定的刑罚应当加重1倍。

第八章　一般规定

第181条

针对下列人员实施本编规定的任何犯罪的，可以不免除刑罚：

I. 夫妻关系存续期间的配偶；

II. 尊亲属或者卑亲属，既包括有合法身份的也包括没有合法身份的，既包括姻亲也包括血亲。

第182条

针对下列人员实施本编规定的犯罪的，只有提出告诉的才处理：

I. 已经离婚或者被法院判决分居的配偶；

II. 兄弟姐妹，既包括有合法身份的也包括没有合法身份的；

III. 与行为人共同居住的叔叔、伯伯、舅舅或者侄子、外甥。

第 183 条

对下列情形不适用前两条的规定：

I. 抢劫罪、敲诈罪、针对人身使用严重威胁或者暴力的其他犯罪；

II. 参与实施这些犯罪的前述人员以外的其他人；

III. 针对等于或者超过 60 周岁的被害人实施的犯罪。[①]

① 2003 年 10 月 1 日第 10741 号法案新增 III。

第三编　侵犯无形财产罪

第一章　侵犯智力财产罪

侵犯著作权罪

第 184 条[①]

侵犯著作权和相关权利的：

刑罚—3 个月以上 1 年以下拘役或者罚金。

§1. 未获得作者、演奏者、表演者、制作者或者其代理人适当的明示许可，出于直接或者间接牟利的目的，以任何工具或者处理方法，对作品、演奏、表演、录音制品进行全部或者部分复制，从而构成侵权的：

刑罚—2 年以上 4 年以下监禁，并处罚金。

§2. 出于直接或者间接牟利的目的，对以侵犯作者、演奏者、表演者、录音制品制作者权利的方式制作的作品或者录音制品的原件或者复制件，进行分销、销售、待售、出租、进口、获取、储存、寄存，或者未获得权利人或者其代理人的明示许可而出租其作品或者录音制品的原件或者复制件的，处以与 §1 中规

① 2003 年 7 月 1 日第 10695 号法案对本条首部和 §1、§2、§3 进行了修正，新增 §4。

定之相同刑罚。

§3. 出于直接或者间接牟利的目的，未获得作者、演奏者、表演者、录音制品制作者或者其代理人适当的明示许可，通过有线、光纤、卫星、声波或者任何其他装置，允许用户挑选作品或者制品并将在发出需求请求的人事先确定的时间地点收到这些作品或者制品，从而构成侵权的：

刑罚—2年以上4年以下监禁，并处罚金。

§4. 对1998年2月19日第9610号法案对著作权及邻接权规定的例外和限制情形，或者复制者不是出于直接或者间接牟利目的而是出于个人使用目的对作品或者录音制品进行单次复制的，不适用§1、§2、§3的规定。

以名字或者笔名篡夺他人作品罪

第185条（废止）①

第186条

按照下列规定提起追诉：②

I. 第184条首部规定的罪行只有提出告诉的才处理；

II. 第184条§1和§2规定的罪行为公诉罪；

III. 如果犯罪侵害的是公法人、自治机构、国营企业、综合经济公司、政府设立的基金会的利益的，为公诉罪；

IV. 第184条§3规定的罪行为公诉罪。

---

① 2003年7月1日第10695号法案废止本条。

② 2003年7月1日第10695号法案进行了修正。

第二章　侵犯发明专利罪

侵犯专利罪

第 187 条 (废止)[①]

假冒专利罪

第 188 条 (废止)[②]

篡夺或者不当使用专利模型或者图样罪

第 189 条 (废止)[③]

假称是专利模型或者图样的制品罪

第 190 条 (废止)[④]

第 191 条 (废止)[⑤]

---

① 1996 年 5 月 14 日第 9279 号法案第 244 条规定废止本条。

② 1996 年 5 月 14 日第 9279 号法案第 244 条规定废止本条。

③ 1996 年 5 月 14 日第 9279 号法案第 244 条规定废止本条。

④ 1996 年 5 月 14 日第 9279 号法案第 244 条规定废止本条。

⑤ 1996 年 5 月 14 日第 9279 号法案第 244 条规定废止本条。

第三章 侵犯工商业商标罪

侵犯商标权罪

第 192 条 (废止)①

滥用公开使用的徽章和识别标志罪

第 193 条 (废止)②

使用虚假的来源标志罪

第 194 条 (废止)③

第 195 条 (废止)④

第四章 不正当竞争罪

不正当竞争罪

第 196 条 (废止)⑤

① 1996 年 5 月 14 日第 9279 号法案第 244 条规定废止本条。

② 1996 年 5 月 14 日第 9279 号法案第 244 条规定废止本条。

③ 1996 年 5 月 14 日第 9279 号法案第 244 条规定废止本条。

④ 1996 年 5 月 14 日第 9279 号法案第 244 条规定废止本条。

⑤ 1996 年 5 月 14 日第 9279 号法案第 244 条规定废止本条。

第四编　破坏劳动秩序罪

侵犯工作自由罪

第 197 条

使用暴力或者严重威胁手段强迫他人：

I. 从事或者不从事某一手艺、职务、职业、行业，或者在一定的期间内或者在其指定的日期里工作或者不工作的；

刑罚——1 个月以上 1 年以下拘役，并处罚金，还应当对所实施的暴力处以相应的刑罚；

II. 开始或者结束他们的企业工作、参加游行或者使其经济活动瘫痪的：

刑罚——3 个月以上 1 年以下拘役，并处罚金，并且不影响对暴力另外处以相应的刑罚。

暴力侵犯劳动合同与联合抵制自由罪

第 198 条

使用暴力或者严重威胁手段，强迫他人签订劳动合同、强迫他人不向第三人提供原材料或者工农业产品、或者强迫他人不从第三人那里购买原材料或者工农业产品的：

刑罚——1 个月以上 1 年以下拘役，并处罚金，并且不影响对暴力另外处以相应的刑罚。

侵犯结社自由罪

第 199 条

使用暴力或者严重威胁手段，强迫他人参加或者不参加工会或者行业协会的：

刑罚——1 个月以上 1 年以下拘役，并处罚金，并且不影响对暴力另外处以相应的刑罚。

以暴力或者破坏秩序的方式罢工罪

第 200 条

参加集体的暂停工作或者脱离工作的人，如果针对他人的人身或者财产使用暴力的：

刑罚——1 个月以上 1 年以下拘役，并处罚金，并且不影响对暴力另外处以相应的刑罚。

独立款——必须有三个或三个以上的雇员共同脱离工作时，才能视为集体脱离工作。

罢工中断公共事业罪

第 201 条

参加集体的暂停或者脱离工作，导致工作进程或者对集体利益的服务中断的：

刑罚——6 个月以上 2 年以下拘役，并处罚金。

侵入工业、商业、农业企业或者蓄意破坏罪

第 202 条

出于阻止或者扰乱工作的正常进行的目的侵入或者占据工业、商业、农业企业，或者出于相同的目的对企业的设施、存放于其中或者归其处分的财产进行毁坏的：

刑罚——1 年以上 3 年以下监禁，并处罚金。

剥夺劳动法所保障的权利罪

第 203 条

使用欺骗或者暴力手段，阻碍他人受劳动法所保障的权利实现的：

刑罚——1年以上2年以下拘役，并处罚金，并且不影响对暴力另外处以相应的刑罚。[①]

§1. 有下列情形之一的，处以相同的刑罚：[②]

I. 强制或者威胁他人使用指定的某种产品，以拖欠工资为由迫使其放弃所从事的工作的；

II. 以强迫或者扣押其私人文书或者合同的手段，妨碍他人放弃其所从事的任何性质的工作的。

§2. 如果被害人是未满18周岁的人、老年人、孕妇、有内在的或者外在的身体或者精神缺陷的人的，加重刑罚1/6至1/3。[③]

妨碍劳动法规定的为国家劳动的义务履行罪

第204条

使用欺骗或者暴力手段，阻碍为国家劳动的法定义务的履行的：

刑罚——1个月以上1年以下拘役，并处罚金，并且不影响对暴力另外处以相应的刑罚。

实施违反行政决定的活动罪

第205条

实施行政决定所禁止的活动的：

刑罚——3个月以上2年以下拘役或者罚金。

---

① 1998年12月29日第9777号法案加重了刑罚。

② 1998年12月29日第9777号法案新增§1。

③ 1998年12月29日第9777号法案新增§1。

引诱移民国外罪

第 206 条

以欺骗方式招募工人，并以将其带到外国为目的的：[①]

刑罚——1 年以上 3 年以下拘役，并处罚金。

引诱雇员在国内不同地域间迁移罪

第 207 条

引诱工人以将其带到国内的其他地区为目的的：

刑罚——1 年以上 3 年以下拘役，并处罚金。[②]

§1. 以欺骗或者超过常规数量的方式在劳动实施地之外的国内其他地方招募工人，或者不提供其返回原居住地的条件的，处以相同的刑罚。[③]

§2. 如果被害人是未满 18 周岁的人、老年人、孕妇、有内在的或者外在的身体或者精神缺陷的人的，加重刑罚 1/6 至 1/3。[④]

---

① 1993 年 7 月 15 日第 8683 号法案进行了修正。

② 1998 年 12 月 29 日第 9777 号法案加重了刑罚。

③ 1998 年 12 月 29 日第 9777 号法案新增 §1。

④ 1998 年 12 月 29 日第 9777 号法案新增 §2。

第五编　侵犯宗教感情和对逝者的尊重罪

第一章　侵犯宗教感情罪

侮辱宗教信仰或者阻止、扰乱与之有关的活动罪

第 208 条

对他人的宗教信仰或者宗教职务公然进行嘲笑的；阻止或者扰乱宗教典礼或者宗教礼拜活动的；对宗教礼拜行为或者物品公然进行侮辱的：

刑罚——1 个月以上 1 年以下拘役或者罚金。

独立款——如果使用了暴力的，加重刑罚 1/3，并且不影响对暴力另外处以相应的刑罚。

第二章　侵犯对逝者的尊重罪

阻止或者扰乱葬礼罪

第 209 条

阻止或者扰乱安葬或者葬礼的：

刑罚——1 个月以上 1 年以下拘役或者罚金。

独立款——如果使用了暴力的，加重刑罚 1/3，并且不影响对暴力另外处以相应的刑罚。

侵犯墓地罪

第 210 条

侵犯或者亵渎坟墓或者安葬盒的：

刑罚——1 年以上 3 年以下监禁，并处罚金。

毁坏、窃取、隐匿尸体罪

第 211 条

对尸体或者其组成部分予以毁坏、窃取、隐匿的：

刑罚——1 年以上 3 年以下监禁，并处罚金。

侮辱尸体罪

第 212 条

侮辱尸体或者骨灰的：

刑罚——1 年以上 3 年以下拘役，并处罚金。

第六编　妨害风化罪

第一章　侵犯性自主罪

强奸罪

第 213 条

使用暴力或者严重威胁，强迫妇女进行性交的：

刑罚——6 年以上 10 年以下监禁。[①]

独立款——（废止）[②]

强制猥亵罪

第 214 条

使用暴力或者严重威胁，强迫他人实施或者允许对其实施性交以外的其他猥亵行为的：

刑罚——6 年以上 10 年以下监禁。[③]

独立款——（废止）[④]

---

① 1990 年 7 月 25 日第 8072 号法案修正了刑罚。

② 1996 年 6 月 4 日第 9821 号法案废止了本条独立款。

③ 1990 年 7 月 25 日第 8072 号法案修正了刑罚。

④ 1996 年 6 月 4 日第 9821 号法案废止了本条独立款。

以欺骗手段发生性交罪

第 215 条

使用欺骗手段与妇女发生性交的：[①]

刑罚——1 年以上 3 年以下监禁。

独立款——如果针对已满 14 周岁但未满 18 周岁的贞洁女子实施的：

刑罚——2 年以上 6 年以下监禁。

以欺骗手段实施猥亵行为罪

第 216 条

使用欺骗手段劝诱他人实施或者允许对其实施性交以外的其他猥亵行为的：[②]

刑罚——1 年以上 2 年以下监禁。

独立款——如果被害人为已满 14 周岁但未满 18 周岁的人的：[③]

刑罚——2 年以上 4 年以下监禁。

性骚扰罪

第 216 条 A

行为人利用其履行职业、职位、职权过程中较高的职级或者内在的优势地位，出于获得性优势或者性偏见的目的而对他人实施强迫行为的：[④]

刑罚——1 年以上 2 年以下拘役。

独立款——（已被否决）

---

① 2005 年 3 月 28 日第 11106 号法案对第 215 条进行了修正。

② 2005 年 3 月 28 日第 11106 号法案对第 216 条进行了修正。

③ 2005 年 3 月 28 日第 11106 号法案对独立款进行了修正。

④ 2001 年 5 月 15 日第 10224 号法案新增本条首部。

第二章　引诱未成年人堕落罪

引诱罪

第 217 条 （废止）[①]

腐蚀未成年人罪

第 218 条

以与之实施淫荡行为、劝诱其实施或者参与实施淫荡行为为手段，对已满 14 周岁不满 18 周岁的未成年人进行腐蚀或者为其堕落提供便利的：

刑罚——1 年以上 4 年以下监禁。

第三章　诱拐罪

暴力或者欺骗手段诱拐罪

第 219 条 （废止）[②]

同意诱拐罪

第 220 条 （废止）[③]

① 2005 年 3 月 28 日第 11106 号法案废止本条。

② 2005 年 3 月 28 日第 11106 号法案废止本条。

③ 2005 年 3 月 28 日第 11106 号法案废止本条。

刑罚减轻

第 221 条（废止）[①]

诱拐同时实施的其他罪行

第 222 条（废止）[②]

第四章　一般规定

结果加重犯

第 223 条

如果所实施的暴力造成了严重的身体伤害的：

刑罚——8 年以上 12 年以下监禁。[③]

独立款——如果其行为致人死亡的：

刑罚——12 年以上 25 年以下监禁。[④]

推定为暴力

第 224 条

如果被害人具有下列情形之一的，推定为使用了暴力：

a）不超过 14 周岁的；

b）精神行为人精神错乱或者智力发育不健全，并且行为人知道这一事实的；

c）由于其他任何原因而不能进行反抗的。

---

① 2005 年 3 月 28 日第 11106 号法案废止本条。

② 2005 年 3 月 28 日第 11106 号法案废止本条。

③ 1990 年 7 月 25 日第 8072 号法案修正了刑罚。

④ 1990 年 7 月 25 日第 8072 号法案修正了刑罚。

刑事起诉

第 225 条

对本编前述各章规定的犯罪，只有提出告诉的才处理。

§1. 但是在下列情况下，应为公诉罪：

I. 如果被害人或者其父母不具有在不影响维持其本人或者家庭必要生活开支的情况下支付诉讼费用的能力的；

II. 如果犯罪是行为人滥用亲权或者滥用继父母、监护人、保佐人的身份而实施的。

§2. 对§1 下 I 中规定的案件，公诉机关应当根据告诉提起公诉。

刑罚加重

第 226 条

有下列情形之一的，加重刑罚：①

I. 如果犯罪是由两个或者两个以上的人共同实施的，加重刑罚 1/4；②

II. 如果行为人是被害人的尊亲属、继父母、叔伯舅、兄弟姐妹、配偶、同居人、监护人、保佐人、教师、雇主或者因为其他任何原因而有权支配被害人的人的，加重刑罚 1/2；③

III. （废止）。④

---

① 2005 年 3 月 28 日第 11106 号法案对第 226 条进行了修正。

② 2005 年 3 月 28 日第 11106 号法案对 I 进行了修正。

③ 2005 年 3 月 28 日第 11106 号法案对 II 进行了修正。

④ 2005 年 3 月 28 日第 11106 号法案废止了 III。

第五章　引诱卖淫与买卖人口罪[①]

引诱他人淫乱罪

第 227 条

引诱某人满足另一人的性欲的：

刑罚——1 年以上 3 年以下监禁。

§1. 如果被害人是已满 14 周岁未满 18 周岁的未成年人，或者是行为人的尊亲属、卑亲属、配偶、同居人、兄弟姐妹、监护人、保佐人，或者是委托行为人进行教育、治疗、保护的人的：[②]

刑罚——2 年以上 5 年以下监禁。

§2. 如果犯罪是通过使用暴力、严重威胁或者欺骗手段实施的：

刑罚——2 年以上 8 年以下监禁，并且不影响对暴力另外处以相应的刑罚。

§3. 如果出于牟利目的实施犯罪的，还应当并处罚金。

怂恿他人卖淫罪

第 228 条

怂恿或者引诱他人卖淫、为他人卖淫提供便利或者阻止他人放弃卖淫活动的：

刑罚——2 年以上 5 年以下监禁。

---

① 2005 年 3 月 28 日第 11106 号法案对第五章的章名进行了修正，将“妇女”修改为“人口”。

② 2005 年 3 月 28 日第 11106 号法案对 §1 进行了修正。

§1. 如果存在前条§1规定的假设条件的：

刑罚——3年以上8年以下拘役。

§2. 如果犯罪是通过使用暴力、严重威胁或者欺骗手段实施的：

刑罚——4年以上10年以下监禁，并且不影响对暴力另外处以相应的刑罚。

§3. 如果出于牟利目的而实施犯罪的，还应当并处罚金。

开设妓院罪

第229条

为自己或者第三人开设妓院或者供人实施淫荡行为的场所，无论行为人是否出于牟利目的，也无论这些场所的所有人或者管理人是否直接参与其中：

刑罚——2年以上5年以下监禁，并处罚金。

拉皮条罪

第230条

从他人的卖淫活动中获利、直接参与利益分配、全部或者部分地依靠卖淫的人维持生计的：

刑罚——1年以上4年以下监禁，并处罚金。

§1. 如果存在第227条§1规定的假设条件的：

刑罚——3年以上6年以下监禁，并处罚金。

§2. 如果使用了暴力或者严重威胁的：

刑罚——2年以上8年以下监禁，并处罚金，并且不影响再对暴力处以相应的刑罚。

跨国贩运人口罪[①]

第 231 条

对意图实施卖淫的人，促使、居间、便利其进入本国或者出国卖淫的：

刑罚——3 年以上 8 年以下拘役，并处罚金。

§1. 如果存在第 227 条 §1 规定的假设条件的：

刑罚——4 年以上 10 年以下监禁，并处罚金。[②]

§2. 如果犯罪是通过使用暴力、严重威胁或者欺骗手段实施的，处 5 年以上 12 年以下监禁，并处罚金，还应当对暴力判处相应的刑罚。[③]

§3.（废止）。[④]

国内贩运人口罪

第 231 条 A[⑤]

促使、居间、便利其在本国领域内招募、运输、中转、容留、接待意图卖淫的人的：

刑罚——3 年以上 8 年以下拘役，并处罚金。

独立款——本法典第 231 条 §1 和 §2 的规定同样适用于本条规定的犯罪。

第 232 条

第 223 条和第 224 条的规定，适用于本章所规定的各种犯罪。

---

① 2005 年 3 月 28 日第 11106 号法案将条文标题中的“妇女”修正为“人口”。

② 2005 年 3 月 28 日第 11106 号法案对刑罚进行了修正。

③ 2005 年 3 月 28 日第 11106 号法案对 §2 进行了修正。

④ 2005 年 3 月 28 日第 11106 号法案废止了 §3。

⑤ 2005 年 3 月 28 日第 11106 号法案新增第 231 条 A。

第六章 公开伤害风化罪

实施淫秽行为罪

第 233 条

在公共场所、向公众开放或者公众容易接近的场所实施淫秽行为的：

刑罚——3 个月以上 1 年以下拘役或者罚金。

淫秽书刊或者物品罪

第 234 条

为了买卖、传播或者公开展览，制作、进口、出口、获取、储存淫秽书刊、素描、图画、照片或者任何其他淫秽物品的：

刑罚——6 个月以上 2 年以下拘役或者罚金。

独立款——有下列情形之一的，处以相同的刑罚：

I. 出售、传播或者向公众展示待售本条所指的任何物品的；

II. 在公共场所或者公众容易接近的场所，演出淫秽戏剧、放映淫秽电影或者进行具有相同性质的其他表演的；

III. 在公共场所或者公众容易接近的场所或者通过无线电广播的形式，传送淫秽的声音或者叙述的。

第七编　破坏家庭罪

第一章　破坏婚姻罪

重婚罪

第 235 条

有配偶而与他人重婚的：

刑罚——2 年以上 6 年以下监禁。

§1. 未婚的人明知他人已结婚仍然与之缔结婚姻的，处 1 年以上 3 年以下监禁或者拘役。

§2. 如果行为人的第一次婚姻因为任何原因而被终止或者后一次婚姻因为重婚以外的其他原因而终止的，不认为构成犯罪。

诱使他人陷入重大认识错误或者隐瞒阻碍事由而与之结婚罪

第 236 条

诱使他人陷入重大认识错误或者向他人隐瞒结婚障碍（不包括其前一次婚姻仍在存续期间之障碍），而与之结婚的：

刑罚——6 个月以上 2 年以下拘役。

独立款——本罪只能根据被害人的告诉进行追诉，并且被害人只能在法院以存在认识错误或者障碍为由作出撤销其和行为人之间婚姻的判决之后才能提起告诉。

事先知悉障碍事由而结婚罪

第 237 条

事先明知存在使婚姻绝对无效的障碍事由仍然结婚的：

刑罚——3 个月以上 1 年以下拘役。

假冒结婚典礼机关罪

第 238 条

冒充结婚典礼机关缔结婚姻的：

刑罚——如果未构成更严重的其他犯罪的，处 1 年以上 3 年以下拘役。

虚假结婚罪

第 239 条

以欺骗对方的手段假装与其结婚的：

刑罚——如果未构成更严重的其他犯罪的，处 1 年以上 3 年以下拘役。

通奸罪

第 240 条 （废止）[①]

① 2005 年 3 月 28 日第 11106 号法案废止本条。

第二章 破坏亲子关系状态罪

就不存在的出生进行登记罪

第 241 条

在民事登记机关登记并不存在的出生：

刑罚——2 年以上 6 年以下监禁。

取消或者改变新生儿与婚姻有关的固有权利罪

第 242 条①

以将他人的婴儿作为自己的婴儿、将他人的婴儿登记为自己的婴儿、隐瞒或者替换初生的婴儿的方式，取消或者改变该婴儿与婚姻有关的固有权利的：

刑罚——2 年以上 6 年以下监禁。

独立款——如果出于维护名誉的原因而实施犯罪的：

刑罚——1 年以上 2 年以下拘役，法官也可以决定免除刑罚处罚。

否认子女家庭成员身份罪

第 243 条

出于损害其与婚姻有关的固有权利的目的，将自己或者他人的子女置于收容所或者其他救援机构、隐瞒其家庭成员身份、赋予其非真实的其他家庭成员身份的：

刑罚——1 年以上 5 年以下监禁，并处罚金。

---

① 1981 年 3 月 30 日第 6898 号法案对第 242 条进行了修正。

第三章 违反家庭扶养义务罪

不提供物质扶养罪

第 244 条[①]

以不给予必需的钱物或者不支付法院认可、确定、增加的子女抚养费的方式，无正当理由不供养配偶、未满 18 周岁或者无劳动能力的子女、残疾的或者已满 60 周岁的尊亲属；无正当理由不向患有严重疾病的尊亲属或者卑亲属提供援助的：

刑罚——1 年以上 4 年以下拘役，并处以巴西数额最高的最低工资标准 1 至 10 倍的罚金。

独立款——有支付能力的人，以任何手段（包括无正当理由放弃其职业或者职位）阻碍或者怠于支付法院认可、确定、增加的子女抚养费的，处以相同的刑罚。

将未成年人交给危险人员罪

第 245 条[②]

明知或者应当知道他人处于道德上的或者物质上的危险状态，仍将未满 18 周岁的子女交给该他人的：

刑罚——1 年以上 2 年以下拘役。

§1. 如果行为人出于牟利目的实施本罪或者该未成年人被送到国外的，处 1 年以上 4 年以下监禁。

§2. 虽然并非处于道德上的或者物质上的危险状态的人，

---

① 2003 年 10 月 1 日第 10741 号法案对第 244 条进行了修正。

② 1984 年 11 月 19 日第 7251 号法案对本条首部和 §1、§2 进行了修正。

但出于牟利目的，帮助将未成年人运送到国外的，也处与§1规定相同的刑罚。

不让子女接受教育罪

第246条

无正当理由地不让学龄子女接受初等教育的：

刑罚——15日以上1个月以下拘役或者罚金。

第247条

允许在其权利支配之下或者委托给其保护、看管的未满18周岁的未成年人实施下列行为的：

I. 经常光临赌场或者声名狼藉的场所，或者同堕落的或者不道德的人生活在一起；

II. 经常观看可能使其堕落或者损害其贞节的演出，或者参加具有同等性质的表演；

III. 在妓院居住或者工作；

IV. 以行乞或者为乞丐服务来唤起公众对其的怜悯：

刑罚——1个月以上3个月以下拘役或者罚金。

第四章　侵害亲权、监护或者保佐罪

引诱无能力人离开保护人罪

第248条

引诱未满18周岁的人或者禁治产人，让其从按照法律规定或者司法决定对其行使权利的人指定其逗留的地点逃离；或者在未得到其父亲、监护人、保佐人的指示的情况下将未满18周岁的人或者禁治产人托付给他人，或者无正当理由地拒绝将其交付给合法请求权人的：

刑罚——1 个月以上 1 年以下拘役或者罚金。

拐骗无能力人离开保护人罪

第 249 条

拐骗未满 18 周岁的人、依照法律规定或者司法决定而禁治产的人的：

刑罚——如果不构成其他犯罪的，处 2 个月以上 2 年以下拘役。

§1. 如果行为人是被剥夺或者暂时剥夺了亲权、监护权、保佐权、保护权的未成年人的父亲、监护人或者禁治产人的保佐人的，不能免除刑罚处罚。

§2. 如果归还该未成年人或者禁治产人并且他们没有遭受虐待或者折磨的，法官可以不再判处刑罚。

第八编 危害公共安全罪

第一章 造成公共危险罪

放火罪

第 250 条

造成危及他人生命、身体完整、财产的火灾的：

刑罚——3 年以上 6 年以下监禁，并处罚金。

刑罚加重

§1. 有下列情形之一的，加重刑罚 1/3：

I. 如果是出于为本人或者他人获取金钱利益的目的而实施本罪的；

II. 如果放火罪实施于下列地点的：

a）有人居住或者用于居住的住宅；

b）公共建筑或者用于公共用途的建筑，或者社会救助机构、文化机构；

c）船舶、飞机、火车或者用于公共运输的交通工具；

d）火车站或者机场；

e）造船厂、工厂或者工场；

f）存放爆炸物、易燃物、可燃物的仓库；

g）油井或者矿道；

h）耕地、牧场、灌木、树林。

失火

§2. 如果是过失导致火灾的，处6个月以上2年以下拘役。

爆炸罪

第251条

以引爆、投掷、直接安放装有炸药或者具有类似效力的爆炸物于其中的装置的方式，使他人的生命、身体完整、财产遭受危险的：

刑罚——3年以上6年以下监禁，并处罚金。

§1. 如果其所使用的物质不是炸药或者具有类似效力的爆炸物的：

刑罚——1年以上4年以下监禁，并处罚金。

刑罚加重

§2. 如果存在前条§1中I下所指的任何情节、以前条§1中II下所列的场所为犯罪目标或者已经击中这些目标的，加重刑罚1/3。

过失犯罪

§3. 在过失爆炸的情况下，如果是由于炸药或者具有类似效力的爆炸物导致的，处6个月以上2年以下拘役；如果是由于其他物质导致的，处3个月以上1年以下拘役。

使用有毒或者可致窒息的气体罪

第252条

用毒气或者可致窒息气体使他人的生命、身体完整、财产遭受危险的：

刑罚——1年以上4年以下监禁，并处罚金。

过失犯罪

独立款——如果是过失实施犯罪的：

刑罚——3 个月以上 1 年以下拘役。

制造、提供、获取、持有、运输爆炸物、有毒或者可致窒息的气体罪

第 253 条

未经有权机关许可而制造、提供、获取、持有、运输爆炸物、爆炸装置、毒气、可致窒息气体或者用于制造上述物品的原料的：

刑罚——6 个月以上 2 年以下拘役，并处罚金。

造成水灾罪

第 254 条

造成水灾使他人的生命、身体完整、财产遭受危险的：

刑罚——如果是故意犯罪的，处 3 年以上 6 年以下监禁，并处罚金；如果是过失犯罪的，处 6 个月以上 2 年以下拘役。

造成水灾危险罪

第 255 条

对位于自己或者他人土地上的用于防洪的天然屏障或者构筑工程予以移动、毁灭，使之陷入无法使用状态，使他人的生命、身体完整、财产遭受危险的：

刑罚——1 年以上 3 年以下监禁，并处罚金。

造成倒塌或者塌方罪

第 256 条

造成倒塌或者塌方使他人的生命、身体完整、财产遭受危险的：

刑罚——1 年以上 4 年以下监禁，并处罚金。

过失犯罪

独立款——如果是过失实施犯罪的：

刑罚——6个月以上1年以下拘役。

窃取、藏匿、损毁救援物资罪

第257条

在发生火灾、水灾、船舶失事、其他事故或者灾害期间，对用于抢险、急救、逃生的设备、材料、任何工具予以窃取、藏匿，使其陷入无法使用状态；或者对前述此类性质的工作进行妨碍或者制造困难的：

刑罚——2年以上5年以下监禁，并处罚金。

造成公共危险罪的结果加重犯

第258条

在故意实施造成公共危险罪的情况下，如果造成严重身体伤害后果的，应当判处剥夺自由刑并加重刑罚1/2；如果致人死亡的，加重刑罚1倍。在过失实施造成公共危险罪的情况下，如果造成身体伤害后果的，加重刑罚1/2；如果致人死亡的，处以过失致人死亡罪，并加重刑罚1/3。

传播危害动植物的疾病或者有害动植物罪

第259条

传播可能对森林、具有经济价值的植物或者动物造成损害的疾病或者有害动植物的：

刑罚——2年以上5年以下监禁，并处罚金。

过失犯罪

独立款——如果是过失实施犯罪的，处1个月以上6个月以下拘役或者罚金。

第二章　危害通信、交通与其他公用事业设备安全罪

造成铁路事故危险罪

第 260 条

以下列方式阻碍或者干扰铁路正常运行的：

I. 对铁路轨道、机车车辆、牵引车、桥梁或者设备全部或者部分予以毁灭、破坏、扰乱；

II. 在铁路线上设置障碍物的；

III. 对机车运行发出虚假警示信号，或者中断、干扰电报、电话、无线电通信的；

IV. 实施可能导致事故的其他行为的：

刑罚——2 年以上 5 年以下监禁，并处罚金。

造成铁路事故

§1. 如果行为导致事故发生的：

刑罚——4 年以上 12 年以下监禁，并处罚金。

§2. 在过失实施行为的情况下，如果导致事故的：

刑罚——6 个月以上 2 年以下拘役。

§3. 本条所指的铁路，是指以牵引机车在轨道或者悬空线路上运行的任何交通方式。

危害海上运输、内河运输、航空运输安全罪

第 261 条

使自己或者他人的船舶或者航空器处于危险状态，或者实施

任何意图阻止或者妨碍海上运输、内河运输、航空运输的行为的：

刑罚——2 年以上 5 年以下监禁。

造成海上运输、内河运输、航空运输事故

§1. 如果其行为导致船舶失事、沉没、搁浅或者航空器坠落、毁坏的：

刑罚——4 年以上 12 年以下监禁。

为牟利而实施犯罪

§2. 如果行为人出于为本人或者他人牟利的目的而实施犯罪的，还应当并处罚金。

过失犯罪

§3. 在过失实施行为的情况下，如果造成事故的：

刑罚——6 个月以上 2 年以下拘役。

危及其他交通工具安全罪

第 262 条

使其他公共交通工具处于危险状态，或者阻止、妨碍其运行的：

刑罚——1 年以上 2 年以下拘役。

§1. 如果其行为导致事故的，处 2 年以上 5 年以下监禁。

§2. 在过失实施行为的情况下，如果造成事故的：

刑罚——3 个月以上 1 年以下拘役。

结果加重犯

第 263 条

实施第 260 条至第 262 条规定的任何犯罪行为引起了事故或者灾难，如果在其中发生了身体伤害或者死亡的，应当适用第 258 条的规定。

向交通工具抛射投掷物罪

第 264 条

向运行中的从事公共运输的陆上、水上、空中交通工具抛射投掷物的：

刑罚——1 个月以上 6 个月以下拘役。

独立款——如果导致身体伤害后果的，处 6 个月以上 2 年以下拘役；如果造成死亡后果的，处第 121 条 §3 中规定的刑罚并加重刑罚 1/3。

危害公共设施安全罪

第 265 条

危害供水、照明、供电、取暖或者其他公共设施的安全或者运行的：

刑罚——1 年以上 5 年以下监禁，并处罚金。

独立款——如果由于通过设施输送的必需物质的减少而造成损害的，加重刑罚 1/3。①

中断、干扰电报或者电话业务罪

第 266 条

中断或者干扰电报、无线电报或者电话服务，或者阻止、妨碍其恢复正常服务的：

刑罚——1 年以上 3 年以下拘役，并处罚金。

独立款——如果在发生公共灾难的期间实施本罪的，加重刑罚 1 倍。

① 1967 年 11 月 3 日第 5346 号法案新增独立款。

第三章　危害公众健康罪

导致疾病流行罪

第 267 条

以传播病原体的方式导致疾病流行的：

刑罚——10 年以上 15 年以下监禁。①

§1．如果其行为导致人员死亡的，加重刑罚 1 倍。

§2．过失实施犯罪的，处 1 年以上 2 年以下拘役；如果导致人员死亡的，处 2 年以上 4 年以下监禁。

违反卫生预防措施罪

第 268 条

违反政府机关作出的意图防止传染病的发生或者扩散的决定的：

刑罚——1 个月以上 1 年以下拘役，并处罚金。

独立款——如果行为人是公共卫生工作人员或者是医生、药剂师、牙医、护士的，加重刑罚 1/3。

不报告疾病罪

第 269 条

医生对其有义务向政府机关报告的疾病不予报告的：

刑罚——6 个月以上 2 年以下拘役，并处罚金。

---

① 1990 年 7 月 25 日第 8072 号法案修正了刑罚。

在饮用水、食品或者药品中投毒罪

第 270 条

在供公众或者特定人群使用的饮用水、消费的食品或者药品中投毒的：

刑罚——10 年以上 15 年以下监禁。①

§1. 将被投毒的水或者物品交给他人消费或者出于分销的目的而储存的，处相同的刑罚。

过失犯罪

§2. 如果是过失实施犯罪的：

刑罚——6 个月以上 2 年以下拘役。

弄脏或者污染饮用水罪

第 271 条

弄脏或者污染供公众或者特定人群使用的饮用水，使之不适合饮用或者有害于健康的：

刑罚——2 年以上 5 年以下监禁。

过失犯罪

独立款——如果是过失实施犯罪的：

刑罚——2 个月以上 1 年以下拘役。

污染、掺杂、伪造食品原料或者食品罪

第 272 条②

污染、掺杂、伪造、变造供消费的食品原料或者食品，使之有害健康或者降低其营养价值的：

刑罚——4 年以上 8 年以下监禁，并处罚金。

§1A. 对伪造、污染、掺杂的食品原料或者食品，予以制

---

① 1990 年 7 月 25 日第 8072 号法案修正了刑罚。

② 1998 年 7 月 2 日第 9677 号法案对第 272 条进行了修正。

造、出售、待售、进口、为出售而储存或者以任何方式分销、转让给消费者的，处以相同的刑罚。

§1. 针对含有或者不含有酒精的饮料实施本条规定的行为的，处相同的刑罚。

过失犯罪

§2. 如果是过失实施犯罪的：

刑罚——1 年以上 2 年以下拘役，并处罚金。

伪造、污染、掺杂、变造用于治疗或者制作药物的产品罪

第 273 条①

伪造、污染、掺杂、变造用于治疗或者制作药物的产品的：

刑罚——10 年以上 15 年以下监禁，并处罚金。

§1. 对伪造、污染、掺杂、变造的此类产品，予以进口、出售、待售、为出售而储存或者以任何方式分销、转让给消费者的，处以相同的刑罚。

§1A. 本条所指的产品，包括药物、原材料、药物添加剂、化妆品、消毒剂和用于诊疗用途的物品。

§1B. 针对实施具有下列情形之一的产品实施本条 §1 中规定的行为的，处本条规定的刑罚：

I. 需要向卫生监管机关注册但未注册的；

II. 与前项所指已经注册的配方不符的；

III. 不具有准许进行交易应当具备的标志和质量的；

IV. 治疗价值或者活性减低的；

V. 来源不明的；

VI. 从没有获得适格的卫生机关颁发的许可证的机构获

① 1998 年 7 月 2 日第 9677 号法案对第 273 条进行了修正。

取的。

过失犯罪

§2. 如果是过失实施犯罪的：

刑罚——1 年以上 3 年以下拘役，并处罚金。

使用禁用的加工方法或者禁用的物质罪

第 274 条

在消费品的生产过程中，使用卫生立法没有明确许可的包装材料、着色剂、香料、抗菌剂、防腐剂或者其他物质的：

刑罚——1 年以上 5 年以下监禁，并处罚金。[①]

在包装或者容器上进行虚假标注罪

第 275 条

在食品、治疗用品、药品的包装或者容器上标注其中并不存在的物质或者超过某种物质的实际含量标注其数量的：[②]

刑罚——1 年以上 5 年以下监禁，并处罚金。

处分或者储存前述两条所指的物质或者产品罪

第 276 条

对第 274 条和第 275 条所规定的产品予以出售、待售、为出售而储存或者以任何方式交付给消费者的：

刑罚——1 年以上 5 年以下监禁，并处罚金。[③]

处分或者储存用于食品或者药品造假的物质罪

第 277 条

出售、待售、储存、转让用于伪造食品、医疗用品、药品的

---

① 1998 年 7 月 2 日第 9677 号法案修正了刑罚。

② 1998 年 7 月 2 日第 9677 号法案进行了修正。

③ 1998 年 7 月 2 日第 9677 号法案修正了刑罚。

物质的：[①]

刑罚——1年以上5年以下监禁，并处罚金。

处分或者储存有害公众健康的其他物质罪

第278条

对不是用于食品或者药品的其他有害健康的物品、物质予以制造、出售、待售、为出售而储存或者以任何方式交付给消费者的：

刑罚——1年以上3年以下拘役，并处罚金。

过失犯罪

独立款——如果是过失实施犯罪的：

刑罚——2个月以上1年以下拘役。

处分或者储存已经变质的食品或者药物罪

第279条（废止）[②]

提供不符合处方的药品罪

第280条

提供与处方不同的药品的：

刑罚——1年以上3年以下拘役或者罚金。

过失犯罪

独立款——如果是过失实施犯罪的：

刑罚——2个月以上1年以下拘役。

第281条（废止）[③]

---

① 1998年7月2日第9677号法案对第277条进行了修正。

② 1990年12月27日第8137号法案废止本条。

③ 1976年10月21日第6368号法案废止本条。

非法从事医生、牙医、药剂师职业罪

第 282 条

未获得合法机关的许可或者超越对许可的限制，从事医生、牙医、药剂师职业的（即使免费执业也不例外）：

刑罚——6 个月以上 2 年以下拘役。

独立款——如果以牟利为目的而实施本罪的，还应当并处罚金。

鼓吹或者广告神秘的或者绝对有效的治疗手段罪

第 283 条

鼓吹神秘或者绝对有效的治疗手段或者为之做广告的：

刑罚——3 个月以上 1 年以下拘役，并处罚金。

从事巫医活动罪

第 284 条

以下列手段从事巫医活动的：

I. 习惯性地以任何一种物质开立处方、提供服务、进行涂敷的；

II. 利用姿态、语言或者其他任何手段；

III. 进行诊断。

刑罚——6 个月以上 2 年以下拘役。

独立款——如果为了获取报酬而实施本罪的，还应当并处罚金。

结果加重犯

第 285 条

第 258 条的规定适用于除第 267 条以外的本章规定的犯罪。

第九编　危害公共治安罪

煽动实施犯罪行为罪

第 286 条

公开煽动实施犯罪的：

刑罚——3 个月以上 6 个月以下拘役或者罚金。

为犯罪或者犯罪人辩解罪

第 287 条

公开为犯罪行为或者犯罪行为人进行辩解的：

刑罚——3 个月以上 6 个月以下拘役或者罚金。

组织犯罪结伙或者犯罪集团罪

第 288 条

组织 3 人以上以实施犯罪为目的的结伙或者集团的：

刑罚——1 年以上 3 年以下监禁。

独立款——如果该结伙或者集团是武装性质的，加重刑罚 1 倍。

第十编　破坏公共信用罪

第一章　伪造货币罪

伪造货币罪

第 289 条

对在国内外流通的硬币、纸币以仿造或者变造的方式进行伪造的：

刑罚——3 年以上 12 年以下监禁，并处罚金。

§1. 为本人或者他人将假币予以进口、出口、获取、出售、交换、转让、出借、保管或者投入流通的，处以相同的刑罚。

§2. 在善意的情况下将伪造或者变造的假币当作真币予以接受，在知悉是假币后重新将其投入流通的，处 6 个月以上 2 年以下拘役，并处罚金。

§3. 发行银行的公务员或者董事、经理、监事在制造、发行或者授权他人制造、发行的过程中，有下列行为之一的，处 3 年以上 15 年以下的监禁，并处罚金：

I. 制造、发行质量或者重量低于法律规定的硬币；

II. 制造、发行超过授权数量的纸币。

§4. 对尚未被批准流通的货币予以改变用途或者投入流通

的，处相同的刑罚。

准伪造货币罪

第 290 条

利用真实的具有代表货币功能的证明、票据、票证的一部分，制作这种证明、票据、票证；将已经回收的证明、票据、票证上的表明其作废的标志予以去除，意图将其重新投入流通；将上述行为所产生的证明、票据、票证或者出于作废目的所回收的证明、票据、票证重新投入流通的：

刑罚——2 年以上 8 年以下监禁，并处罚金。

独立款——在负责回收货币的部门工作或者由于其职务而易于进入该部门的工作人员实施本罪的，最高可以加重至 12 年监禁。

处分或者持有用于伪造货币的物品罪

第 291 条

对专门用于伪造货币的机器、设备、工具或者其他物品予以制造、获取、出售、提供（无论是否需要支付对价）、持有、保管的：

刑罚——2 年以上 6 年以下监禁，并处罚金。

无合法许可发行向持票人付款的票证罪

第 292 条

在未经合法许可的情况下，发行承诺向持有人或者没有载明姓名的收款人进行现金支付的票据、票证、卡片、汇票、有价证券的：

刑罚——1 个月以上 6 个月以下拘役或者罚金。

独立款——把本条所指的票证当作货币予以接受或者使用的，处 15 日以上 3 个月以下拘役或者罚金。

第二章　伪造公共票证罪

伪造公共票证罪

第 293 条

以仿造或者变造的方式对下列物品进行伪造的：

I. 用于监督税收的票证、印花税票或者合法发行的用于征税的任何票证；①

II. 不属于合法流通货币的公共信贷票证；

III. 邮政汇票；

IV. 由经济联合会或者公法人经营的其他企业出具的抵押单或者存款存折；

V. 发票存根、收据、发货单、许可证，与由政府机关负责的公共租金征收、存折、抵押单相关的其他文件；

VI. 由联邦、州、市经营的运输企业的票证、通行证、货运发票：

刑罚——2 年以上 8 年以下监禁，并处罚金。

§1. 有下列情形之一的，处以相同的刑罚：②

I. 对本条所指的伪造的票证予以使用、保管、持有、储存的；

II. 对伪造的用于监督税收的票证予以进口、出口、获取、出售、交换、转让、出借、保管或者投入流通的；

---

① 2004 年 12 月 24 日第 11035 号法案对 I 进行了修正。

② 2004 年 12 月 24 日第 11035 号法案对 §1 进行了修正。

III. 对有下列情形之一的产品或者商品，予以进口、出口、获取、出售、待售、储存、保管、交换、转让、出借、提供、运输或者在工商业活动中为本人或者他人以任何形式予以利用的：

a）贴附有伪造的用于监督税收的票证的；

b）没有贴附依据税法必须贴附的官方票证的。

§2. 对在任何合法票证上所施加的用以表明其已经作废的印章或者标志予以去除，意图使其能够再次被使用的：

刑罚——1 年以上 4 年以下监禁，并处罚金。

§3. 对 §2 中所指任何变造后的票证予以使用的，处以相同的刑罚。

§4. 对本条首部和 §2 中所指的任何伪造或者变造的票证，在知悉其为伪造或者变造之后（即使此前其是在善意的情况下获得这些票证的也不例外），仍予以使用或重新投入流通的，处 6 个月以上 2 年以下拘役或者罚金。

§5. 本条 §1 下 III 中所说的商业活动，是指以不符合规范的或者非法的任何形式进行交易的行为，包括在街区、其他公共场所或者在家庭成员内部之间实施的此类行为。①

处分或者持有用于伪造的物品罪

第 294 条

制造、获取、提供、持有、保管专门用于伪造前条规定的任何票证的物品的：

刑罚——1 年以上 3 年以下监禁，并处罚金。

第 295 条

如果公务员利用其职务便利条件实施犯罪的，加重刑罚 1/6。

---

① 2004 年 12 月 24 日第 11035 号法案新增 §5。

第三章　伪造文书罪

伪造公务印章或者标志罪

第 296 条

以仿造或者变造的方式伪造下列物品的：

I. 用以证明联邦、州、市的官方行为的公务印章；

II. 依法授予公法人或者政府机关的印章或者标志，或者公证人的公共标志：

刑罚——2 年以上 6 年以下监禁，并处罚金。

§1. 有下列行为之一的，处以相同的刑罚：

I. 使用伪造的印章或者标志的；

II. 在损害他人或者为本人或他人谋取利益的过程中，非法使用真实的印章或者标志的；

III. 对公共管理机构或者公法人的商标、徽标、名称缩写、标志或者其他象征符号予以变造、伪造、非法使用的。①

§2. 如果公务员利用其职务便利条件实施犯罪的，加重刑罚 1/6。

伪造公文罪

第 297 条

对公文进行全部或者部分伪造，或者对真实的公文进行变造的：

---

① 2000 年 7 月 14 日第 9983 号法案新增 III，自公布之日 2000 年 7 月 17 日起满 90 日后施行。

刑罚——2 年以上 6 年以下监禁，并处罚金。

§1. 如果公务员利用其职务便利条件实施犯罪的，加重刑罚 1/6。

§2. 国营的实体文书、签发给持票人的或者可以背书转让的有价证券、商业企业股票、交易账簿、私人遗嘱，视为刑法意义上的公文。

§3. 在下列文书中添加下列内容的，处以相同的刑罚：①

I. 在薪金支付名册上或者用以证明缴纳社会福利金信息的文书中，将不具有参加强制保险资格的人列入其中的；

II. 在雇员的劳动和社会福利证或者用以证明应当产生社会福利金效力的文书中，作歪曲记载或者不记载应当记载的内容的；

III. 在企业的会计文书或者与其社会福利义务有关的文书中，作歪曲记载或者不记载应当记载的内容的。

§4. 在 §3 中所指的文书中不记载被保险人的姓名、个人资料、报酬、劳动合同的期间或者提供服务的期间的，处以相同的刑罚。②

伪造私人文书罪

第 298 条

对私人文书进行全部或者部分伪造，或者对真实的私人文书进行变造的：

刑罚——1 年以上 5 年以下监禁，并处罚金。

① 2000 年 7 月 14 日第 9983 号法案新增 §3，自 2000 年 7 月 17 日公布之日起满 90 日后施行。

② 2000 年 7 月 14 日第 9983 号法案新增 §4，自 2000 年 7 月 17 日公布之日起满 90 日后施行。

制作表达虚假意思的文书罪

第 299 条

为了损害他人权利、给他人产生义务或者篡改法律事实的真相，在公文或者私人文书中不记载应当包含的意思或者记载与应当记载的意思不符的内容的：

刑罚——对公文实施本罪的，处 1 年以上 5 年以下监禁，并处罚金；对私人文书实施本罪的，处 1 年以上 3 年以下监禁，并处罚金。

独立款——如果公务员利用其职务便利条件实施犯罪，或者行为人是在进行民事登记过程中实施伪造或者变造行为的，加重刑罚 1/6。

把虚假的签名或者笔迹认定为真实罪

第 300 条

在执行公务的过程中将虚假的签名或者笔迹认定为真实的：

刑罚——对公文实施本罪的，处 1 年以上 5 年以下监禁，并处罚金；对私人文书实施本罪的，处 1 年以上 3 年以下监禁，并处罚金。

违背事实进行许可或者证明罪

第 301 条

对能使他人获得公共职位、免除纳税或者公共服务义务、获得其他任何利益的行为或者情况，利用其公共职权违背事实地予以批准或者证明的：

刑罚——2 个月以上 1 年以下拘役。

伪造许可或者证明内容

§1. 为了证明使他人获得公共职位、免除纳税或者公共服务义务、获得其他任何利益的行为或者情况，全部或者部分伪造许可证或证明书，或者对真实的许可证或者证明书进行变造的：

刑罚——3个月以上2年以下拘役。

§2. 如果行为人是出于牟利而实施本罪的，除了对其判处剥夺自由刑外，还应当对其并处罚金。

伪造医疗证明罪

第302条

医生在执业过程中伪造医疗证明文件的：

刑罚——1个月以上1年以下拘役。

独立款——如果行为人是出于牟利而实施本罪的，还应当并处罚金。

复制、变造邮票或者集邮邮票罪

第303条

复制、变造邮票或者具有收藏价值的集邮邮票，除非在该邮票或者集邮邮票的正面或者背面清楚地注明其是被复制或者变造的：

刑罚——1年以上3年以下拘役，并处罚金。

独立款——以交易为目的而使用前述邮票或者集邮邮票的，处以相同的刑罚。

使用虚假的文书罪

第304条

对第297条至第302条所规定的伪造的或者变造的文书予以使用的：

刑罚——按照各条对伪造或者变造行为规定的刑罚处罚。

破坏文书罪

第 305 条

为了自己或者他人的利益或者为了损害他人利益，对其无权处分的公文或者私人文书予以毁灭、去除、藏匿的：

刑罚——对公文实施本罪的，处 2 年以上 6 年以下监禁，并处罚金；对私人文书实施本罪的，处 1 年以上 5 年以下监禁，并处罚金。

第四章　其他伪造罪

伪造用于验证贵重金属或者海关监管的标志罪

第 306 条

对公共管理机关在验证贵重金属或者实施海关监管时使用的标记或者标志，以仿造或者变造的方式进行伪造，或者对由他人伪造的此类标记或者标志予以使用的：

刑罚——2 年以上 6 年以下监禁，并处罚金。

独立款——对政府机关在卫生检验、验证或者查禁某种物品、表明符合合法手续时使用的标记或者标志，予以伪造的：

刑罚——1 年以上 3 年以下监禁或者拘役，并处罚金。

歪曲身份罪

第 307 条

出于为本人或者他人获取利益或者损害他人利益的目的，赋予自己或者第三人虚假的身份的：

刑罚——如果不构成更严重的其他犯罪的，处 3 个月以上 1

年以下拘役或者罚金。

第308条

把他人的护照、选民证、预备兵役证、任何身份证明文书作为自己的予以使用，或者把自己或者第三人的此类性质的文书转让给他人以供其使用的：

刑罚——如果不构成更严重的其他犯罪的，处4个月以上2年以下拘役，并处罚金。

逃避对外国人适用的法律罪

第309条

外国人为了入境或者居留于本国领域内而使用他人姓名的：

刑罚——1年以上3年以下拘役，并处罚金。

独立款——赋予外国人虚假的身份以帮助其进入巴西领域的：①

刑罚——1年以上4年以下监禁，并处罚金。

第310条②

在法律禁止外国人所有或者持有某种股票、有价证券、贵重物品的情况下，同意为实际上归外国人所有的这些物品充当形式上的所有者或者持有者的：

刑罚——6个月以上3年以下拘役，并处罚金。

伪造汽车身份标志罪

第311条③

对底盘上的数字编号或者汽车、汽车部件、汽车装备的其他身份标志进行篡改或者重新编号的：

---

① 1996年12月24日第9426号法案新增独立款。

② 1996年12月24日第9426号法案对第310条进行了修正。

③ 1996年12月24日第9426号法案对第311条进行了修正。

刑罚——3 年以上 6 年以下监禁，并处罚金。

§1. 如果行为人在行使公共职权的过程中实施本罪或者是利用职权实施犯罪的，加重刑罚 1/3。[①]

§2. 公务员以非法提供材料或者公务信息的方式，帮助身份标志被篡改或者重置的汽车获得许可证或者注册登记的，处以相同的刑罚。[②]

① 1996 年 12 月 24 日第 9426 号法案新增 §1。

② 1996 年 12 月 24 日第 9426 号法案新增 §2。

第十一编　妨害公共管理罪

第一章　公务员妨害普通公共管理罪

贪污罪

第 312 条

公务员把基于其职务而归其占有的公共的或者私人的金钱、有价证券或者其他不动产据为己有，或者为了本人或者他人的利益而挪用这些财产的：

刑罚——2 年以上 12 年以下监禁，并处罚金。

§1. 公务员为了本人或者他人的利益，利用其职务便利，窃取并不归其占有的金钱、有价证券或者动产，处相同的刑罚。

过失为他人贪污提供便利罪

§2. 如果过失地为他人实施本罪提供便利的：

刑罚——3 个月以上 1 年以下拘役。

§3. 对 §2 规定的案件，如果行为人在对之作出不可上诉的判决之前赔偿损失的，免除刑罚处罚；如果在判决之后赔偿损失的，减轻刑罚 1/2。

利用他人差错的贪污罪

第313条

在行使职权的过程中，把他人因为认识错误而交付给其的金钱或者其他利益据为己有：

刑罚——1年以上4年以下监禁，并处罚金。

在信息系统中添加虚假数据罪

第313条A[①]

享有相关权限的公务员，出于为本人或者他人获取不正当利益或者造成损失的目的，向公共管理信息系统或者数据库添加虚假的数据或者为这种添加提供方便，或者对其中的正确数据予以修改或者删除的：

刑罚——2年以上12年以下监禁，并处罚金。

无授权变更修改信息系统罪

第313条B[②]

公务员在未获得授权或者未接到有权机关请求的情况下，修改或者变更信息系统或者计算机程序的：

刑罚——3个月以上2年以下拘役，并处罚金。

独立款——如果修改或者变更行为给公共管理或者管理相对人造成损害后果的，加重刑罚1/3至1/2。

丢失、扣留、损毁簿册或者文书罪

第314条

扣留基于其职务而归其保管的官方簿册或者其他任何文书；

---

① 2000年7月14日第9983号法案新增第313条A，从2000年7月17日在《联邦政府公报》上公布满90日后起施行。

② 2000年7月14日第9983号法案新增第313条B，从2000年7月17日在《联邦政府公报》上公布满90日后起施行。

全部或者部分丢失或者损毁这些簿册或者文书的：

刑罚——如果没有构成其他更严重的犯罪的，处1年以上4年以下监禁。

不适当使用公款或者公共收入罪

第315条

违反法律的规定使用公款或者公共收入的：

刑罚——1个月以上3个月以下拘役或者罚金。

违法收取罪

第316条

直接或者间接（即使属于超越职权或者在职务上任之前也不例外）利用职权为本人或者他人收取不正当利益的：

刑罚——2年以上8年以下监禁，并处罚金。

超出法律许可范围的手段

§1. 如果公务员征收其明知为非法的税款或者社会捐款，或者使用法律不允许的敲诈勒索方式征收合法的税款或者社会捐款的：①

刑罚——3年以上8年以下拘役，并处罚金。

§2. 如果公务员为了自己或者他人，挪用其为国库已经征收的财物的：

刑罚——2年以上12年以下监禁，并处罚金。

受贿罪

第317条

利用职权为本人或者他人，直接或者间接（即使属于超越职权或者在职务上任之前也不例外）索要或者收受不正当利益，或

① 1990年12月27日第8137号法案修正了刑罚。

者接受提供不正当利益的许诺的：

刑罚——2 年以上 12 年以下监禁，并处罚金。[①]

§1. 如果该公务员基于该利益或者许诺而延误执行职务、不执行职务或者违反职责义务执行职务的，加重刑罚 1/3。

§2. 如果公务员屈从于别人的请求或者受别人的影响而延误执行职务、不执行职务或者违反职责义务执行职务的：

刑罚——3 个月以上 1 年以下拘役或者罚金。

为走私或者非法交易提供便利罪

第 318 条

违反职责义务为第 334 条规定的走私或者非法交易活动提供便利的：

刑罚——3 年以上 8 年以下拘役，并处罚金。[②]

玩忽职守罪

第 319 条

为了满足个人利益或者私人感情，非法延误执行职务、不执行职务或者违反职责义务执行职务的：

刑罚——3 个月以上 1 年以下拘役，并处罚金。

第 319 条 A[③]

监狱负责人或者公务人员不履行禁止被羁押人获得电话设备、收音机以及类似物品的义务，放任被羁押人与其他被羁押人或者外界进行通信的：

刑罚——3 个月以上 1 年以下拘役。

---

① 1990 年 12 月 27 日第 8137 号法案修正了刑罚。

② 1990 年 12 月 27 日第 8137 号法案修正了刑罚。

③ 2007 年 3 月 28 日第 11466 号法案新增。

放任下属不法行为罪

第 320 条

公务员对在履行职务过程中实施违法行为的对其负责的下属予以放任，或者在其无权处理时不向有权机关报告的：

刑罚——15 日以上 1 个月以下拘役或者罚金。

利用公共管理庇护个人利益罪

第 321 条

利用职务身份，在公共管理活动中直接或者间接庇护个人利益的：

刑罚——1 个月以上 3 个月以下拘役或者罚金。

独立款——如果该利益是非法的：

刑罚——3 个月以上 1 年以下拘役，并处罚金。

任意使用暴力罪

第 322 条

在执行职务过程中或者以正在执行职务为借口任意使用暴力的：

刑罚——6 个月以上 3 年以下拘役，并且不影响对暴力另外处以相应的刑罚。

抛弃职务罪

第 323 条

在非法律许可的情形之下抛弃公共职务的：

刑罚——15 日以上 1 个月以下拘役或者罚金。

§1. 如果该抛弃行为造成公共损害结果的：

刑罚——3 个月以上 1 年以下拘役，并处罚金。

§2. 如果抛弃行为实施于边境地带的：

刑罚——1 年以上 3 年以下拘役，并处罚金。

非法提前或者延迟行使职权罪

第 324 条

在法定的时间到来之前即开始行使公共职权，或者在知悉其正式被撤职、被调离、被换岗、被停职而失去此前职权之后继续行使这一职权的：

刑罚——15 日以上 1 个月以下拘役或者罚金。

侵犯职务秘密罪

第 325 条

泄露基于其职务而知悉的应当保密的情况，或者为这种泄露秘密提供方便的：

刑罚——如果不构成更严重的其他犯罪的，处 6 个月以上 2 年以下拘役或者罚金。

§1. 有下列情形之一的，处与本条相同的刑罚：①

I. 利用职务便利，允许、促成、提供或者以其他任何方式使用进入密码让无权知悉的人进入公共管理的信息系统或者数据库的；

II. 对上述信息系统或者数据库不正当地行使受限制的内部进入权的。

§2. 如果该作为或者不作为对公共管理造成损害后果的：②

刑罚——2 年以上 6 年以下监禁，并处罚金。

① 2000 年 7 月 14 日第 9983 号法案新增 §1，从 2000 年 7 月 17 日在《联邦政府公报》上公布满 90 日后起施行。

② 2000 年 7 月 14 日第 9983 号法案新增 §2，从 2000 年 7 月 17 日在《联邦政府公报》上公布满 90 日后起施行。

侵犯竞投报价秘密罪

第 326 条

泄露公开投标的竞价秘密或者为第三人泄露这一秘密提供机会的：

刑罚——3 个月以上 1 年以下拘役，并处罚金。

公务员

第 327 条

担任公共官职、从事公共职业、履行公共职务的人员，即使是暂时的或者没有报酬的也不例外，是刑法意义上的公务员。

§1. 在国有实体中担任官职、从事职业、履行职务的人员，以及在以按照合同或者习惯为公共管理机关实施其特有活动提供服务的公司中工作的人员，也视为公务员。①

§2. 如果本章各条规定的行为人是在直接管理机关、综合经济公司、公共法人、政府机构设立的基金会中从事管理或者咨询工作的人员的，加重刑罚 1/3。②

第二章　自然人妨害普通公共管理罪

篡夺公共职权罪

第 328 条

篡夺行使公共职权的：

---

① 2000 年 7 月 14 日第 9983 号法案新增 §1，从 2000 年 7 月 17 日在《联邦政府公报》上公布满 90 日后起施行。

② 1980 年 6 月 23 日第 6799 号法案新增 §2。

刑罚——3 个月以上 2 年以下拘役，并处罚金。

独立款——如果行为人从中获得利益的：

刑罚——2 年以上 5 年以下监禁，并处罚金。

妨害公务罪

第 329 条

以暴力或者威胁手段妨碍具有法定资格的官员或者协助其工作的人员执行合法行为的：

刑罚——2 个月以上 2 年以下拘役。

§1. 如果其妨碍行为导致合法公务行为未能实施的：

刑罚——1 年以上 3 年以下监禁。

§2. 对暴力行为适用的刑罚不受本条规定的刑罚的影响。

拒不服从罪

第 330 条

不服从公务员的合法命令的：

刑罚——15 日以上 6 个月以下拘役，并处罚金。

藐视公务员罪

第 331 条

藐视正在执行职务的公务员或者由于公务员的职务而对其藐视的：

刑罚——6 个月以上 2 年以下拘役或者罚金。

影响力交易罪

第 332 条[①]

以声称对执行职务的公务员的行为施加影响力为由，为本人或者他人要求、收取、索价、获得利益或者利益许诺的：

---

① 1995 年 11 月 16 日第 9127 号法案对本条首部和独立款进行了修正。

刑罚——2 年以上 5 年以下监禁，并处罚金。

独立款——如果行为人声称或者暗示该利益同时也提供给该公务员的，加重刑罚 1/2。

行贿罪

第 333 条

出于使公务员执行、不执行或者拖延执行公务的目的，实际给予或者许诺给予该公务员以不正当利益的：

刑罚——2 年以上 12 年以下监禁，并处罚金。①

独立款——如果该公务员因为其利益或者许诺而拖延执行公务、不执行公务或者违背职责执行公务的，加重刑罚 1/3。

走私或者非法交易罪

第 334 条

进口或者出口禁止进出口的物品，或者部分偷逃商品进口、出口、消费所必须缴纳的税收或者其他正当费用的：

刑罚——1 年以上 4 年以下监禁。

§1. 有下列情形之一的，处相同的刑罚：②

a）实施法律所不允许的沿海航运；

b）实施特别法有规定的与走私或者非法交易相关的行为；

c）对非法进入本国的外国人的物品、以欺骗方式进口的物品或者明知是他人走私进入本国或者以欺骗方式进口的物品，出于生产或商业活动目的，为本人或者他人予以出售、待售、储存或者以其他任何方式进行利用的；

d）对外国人的没有合法证明文件或者有明知所附随的证明文件是伪造的物品，以及以欺骗方式进口的物品或者明知是他人

① 2003 年 11 月 12 日第 10764 号法案修正了刑罚。

② 1965 年 6 月 14 日第 4729 号法案修正了 §1。

走私进入本国或者以欺骗方式进口的物品，出于生产或商业活动目的，为本人或者他人而获取、收受或者隐藏的。

§2. 本条所说的商业活动，是指以不符合规范的或者非法的任何形式交易外国商品，在家庭成员内部之间实施的此类行为也不例外。①

§3. 如果以航空运输的方式实施走私或者非法交易的，加重刑罚1倍。②

以阻止、扰乱或者欺骗手段妨碍竞投罪

第335条

以阻止、扰乱或者欺骗手段妨碍由联邦、州、市的管理机关或者国有实体举办的公开竞投或者公开拍卖；以暴力、严重威胁、欺骗或者提供利益为手段驱逐或者排除竞投人或者竞买人的：③

刑罚——6个月以上2年以下拘役或者罚金，并且不影响对暴力另外处以相应的刑罚。

独立款——因为获得他人所提供的利益而不参加相应的竞价或者投标的，处相同的刑罚。

损毁通告或者标志罪

第336条

对公务员命令张贴的告示予以毁坏、以任何方式使之失去功能、玷污；对依照法律规定或者公务员的命令所用来鉴证或者封存任何物品的印章或者标志予以亵渎、使之失去功能的：

---

① 1965年6月14日第4729号法案修正了§2。

② 1965年6月14日第4729号法案修正了§3。

③ 1993年6月21日第8666号法案（政府招标和采购法）第93条和第95条的规定削弱了本条的作用。

刑罚——1 个月以上 1 年以下拘役或者罚金。

窃取、毁坏簿册或者文书罪

第 337 条

对因为职务或者特定的公共服务而委托公务员保管的簿册、卷宗、文书，进行窃取、部分或者全部使之失去功能的：

刑罚——如果没有构成更严重的其他犯罪的，处 2 年以上 5 年以下监禁。

偷逃福利缴费罪

第 337 条 A

以下列任何行为为手段免除或者减少其社会福利缴费及其任何附属费用的：①

I. 不按照保障雇员、商人、自由职业者、自己经营者或者在其中提供类似服务的人员提供福利保障的立法的规定提交公司薪金名册或者有关文件信息的；

II. 不在公司自身的账目上按月记载应当扣缴的保险费数额或者应当由雇主或者投保人支付的金额的；

III. 部分或者全部隐瞒收入、利润、所支付的薪水或者其他产生社会福利缴费义务的其他事实的：

刑罚——2 年以上 5 年以下监禁，并处罚金。

§1. 如果行为人在开始对其提起税务诉讼之前，主动地进行申报，承认欠缴费用、缴费的重要性、欠缴数额，并且按照法律或者条例规定的方式提供所欠社会福利费的信息的，免除刑罚处罚。

§2. 如果行为人是初犯、具有良好的一贯表现且有下列情

① 2000 年 7 月 14 日第 9983 号法案新增第 337 条 A，从 2000 年 7 月 17 日在《联邦政府公报》上公布满 90 日后起施行。

形之一的，法官可以不判处其刑罚或者单处罚金：

I.（已被否决）；

II. 所欠缴费（包括附属费用）等于或者少于按照行政方式确定的最低税务执行数额的。

§3. 如果非法人雇主的每月薪金总额不超过1510雷亚尔的，法官可以减轻刑罚1/3至1/2或者单处罚金。

§4. 前款所说的金额应当根据社会福利资金调整指数相同的比率不断进行调整。

第二章 A　自然人妨害外国公共管理罪①

国际贸易中的行贿罪

第337条B②

出于使外国公务员执行、不执行或者拖延执行任何与国际商业交易有关的公务行为的目的，直接或者间接许诺给予、提议给予、实际给予该外国公务员或者第三人以不正当利益的：

刑罚——1年以上8年以下监禁，并处罚金。

独立款——如果该外国公务员因为该利益或者许诺而实际拖延执行公务、不执行公务或者违背职责执行公务的，加重刑罚1/3。

---

① 2002年6月11日第10467号法案新增第二章A。

② 2002年6月11日第10467号法案新增本条首部和独立款。

在国际贸易中实施影响力交易罪

第337条C[1]

以声称向执行与国际商业交易有关职责的外国公务员实施影响力为由，为本人或者他人直接或间接要求、索要、领取、获得利益或者利益许诺的：

刑罚——2年以上5年以下监禁，并处罚金。

独立款——如果行为人声称或者暗示该利益同时也提供给该外国公务员的，加重刑罚1/2。

外国公务员

第337条D[2]

在外国的国家机关或者外交代表机关中担任公共官职、从事公共职业、履行公共职务的人（即使是临时或者不计报酬的人员也不例外），视为本刑法典规定的外国公务员。

独立款——在由外国政府机关直接或者间接控制的组织、企业或是在国际公共组织中担任官职、从事职业、履行职务的人，也视同外国公务员。

第三章　妨害司法管理罪

被驱逐出境的外国人进入本国罪

第338条

已经被驱逐出境的外国人，再次进入本国领域的：

---

① 2002年6月11日第10467号法案新增了本条首部和独立款。

② 2002年6月11日第10467号法案新增了本条首部和独立款。

刑罚——1 年以上 4 年以下监禁，在服刑之后不影响对其再次适用驱逐出境。

诬告罪

第 339 条

明知他人是清白的却归责于他，导致对他人进行警方调查、司法审判或者对他人实施行政调查、民事调查或者实施不应有的行政行为的：①

刑罚——2 年以上 8 年以下监禁，并处罚金。

§1. 如果行为人用匿名或者化名实施本罪的，加重刑罚 1/6。

§2. 如果行为人是将违警罪归责于他人的，减轻刑罚 1/2。

告发虚假的犯罪或者违警行为罪

第 340 条

明知不属实而向有权机关告发有犯罪或者违警罪发生而使其采取行动的：

刑罚——1 个月以上 6 个月以下拘役或者罚金。

虚假自控罪

第 341 条

向有权机关把根本不存在的犯罪或者由他人实施的犯罪归于自身的：

刑罚——3 个月以上 2 年以下拘役或者罚金。

伪证或者虚假鉴定罪

第 342 条②

证人、鉴定人、会计、翻译人或者解释人在审判程序、行政

---

① 2000 年 10 月 19 日第 10028 号法案对本条的首部进行了修正。

② 2001 年 8 月 28 日第 10268 号法案对第 342 条进行了修正。

程序、警方调查、仲裁裁决过程中，作虚假陈述、否认事实或者不愿意说出事实真相的：

刑罚——1 年以上 3 年以下监禁，并处罚金。

§1. 如果行为人是因为受贿而实施犯罪的，或者是出于得到在刑事诉讼或者公共管理机构直接或者间接作为一方当事人的民事诉讼中发挥作用的证据的意图而实施犯罪的，加重刑罚 1/6 至 1/3。

§2. 如果行为人在其伪证或者虚假鉴定所指向的案件裁决之前，说出或者声明事实真相的，不再对其判处刑罚。

第 343 条①

为了使证人、鉴定人、会计、翻译人或者解释人在其证言、鉴定、会计报告、翻译或者解释说明中作虚假陈述、否认事实或者不愿意说出事实真相，而给予或者许诺给予金钱或其他利益的：

刑罚——3 年以上 4 年以下监禁，并处罚金。

独立款——如果行为人是出于得到在刑事诉讼或者公共管理机构直接或者间接作为一方当事人的民事诉讼中发挥作用的证据的意图而实施犯罪的，加重刑罚 1/6 至 1/3。

在程序中实施强制罪

第 344 条

为了自己或者他人的利益，针对司法程序、警方程序、行政程序、仲裁裁决中的有权机关、当事人以及在程序中行使职权或者被传唤参与程序的任何其他人，实施暴力或者严重威胁的：

刑罚——1 年以上 4 年以下监禁，并处罚金，并且不影响对

---

① 2001 年 8 月 28 日第 10268 号法案对第 343 条进行了修正。

暴力另外处以相应的刑罚。

私自进行审判罪

第 345 条

除法律允许的情况外，为了满足自己的要求（即使是合法的也不例外）而私自实施审判活动的：

刑罚——15 日以上 1 个月以下拘役或者罚金，并且不影响对暴力另外处以相应的刑罚。

独立款——如果没有使用暴力的，只有提出告诉的才处理。

第 346 条

拿走、隐匿、毁灭、破坏虽然归其所有但已经按照司法裁决或者协议由第三方占有的财物的：

刑罚——6 个月以上 2 年以下拘役，并处罚金。

程序欺诈罪

第 347 条

在民事程序或者行政程序悬而未决时，企图诱导法官或者鉴定人陷入错误而人为地变更场所、物、人的状况的：

刑罚——3 个月以上 2 年以下拘役，并处罚金。

独立款——如果是为了在刑事诉讼（即使诉讼程序没有启动也不例外）中产生效力而实施变更行为的，加重刑罚 1 倍。

帮助罪犯逃避刑罚罪

第 348 条

帮助实施了犯罪并被判处监禁刑的罪犯逃避有权机关对其的刑罚执行的：

刑罚——1 个月以上 6 个月以下拘役，并处罚金。

§1．如果针对被判处监禁以外的其他刑罚的罪犯实施的：

刑罚——15 日以上 3 个月以下拘役，并处罚金。

§2. 如果提供帮助的行为人是被帮助的罪犯的尊亲属、卑亲属、配偶或者兄弟姐妹的，免予刑罚处罚。

帮助隐藏赃物罪

第349条

帮助犯罪人掩饰犯罪所得利益，但不构成共同犯罪或者窝赃罪的：

刑罚——1个月以上6个月以下拘役，并处罚金。

任意行使或者滥用权力罪

第350条

不经过法定程序或者滥用权力而指示或者执行剥夺他人个人自由的措施的：

刑罚——1个月以上1年以下拘役。

独立款——公务员实施下列行为之一的，处相同的刑罚：

I. 非法接收某人并关进监狱或者执行剥夺自由刑、保安措施的其他机构的；

II. 不及时下达释放命令或者不及时执行释放命令，从而延长刑罚或者保安措施的期限的；

III. 对归其看守或者羁押的人进行侮辱或者实施法律不允许的强制的；

IV. 实施滥用职权的任何行为的。

让被逮捕或者适用保安措施的人逃跑罪

第351条

建议或者为被合法地适用逮捕或者拘禁型保安措施的人逃跑提供便利的：

刑罚——6个月以上2年以下拘役。

§1. 如果使用武器、由不止一个的人实施或者以破坏关押场所建筑物而进入的方式实施犯罪的，处2年以上6年以下监禁。

§2. 如果对人使用暴力的，还应当对暴力行为处以相应的刑罚。

§3. 如果监管人或者看守人针对归其监管或者看守的人实施本罪的，处1年以上4年以下监禁。

§4. 如果监管人或者看守人由于过失而致使归其监管或者看守的人逃跑的，处3个月以上1年以下拘役或者罚金。

对人使用暴力脱逃罪

第352条

囚犯或者被适用拘禁型保安措施的人，对人使用暴力脱逃或者企图脱逃的：

刑罚——3个月以上1年以下拘役，并且不影响对暴力另外处以相应的刑罚。

夺取囚犯予以虐待罪

第353条

从监管人或者看守人的控制下夺取囚犯以实施虐待行为的：

刑罚——1年以上4年以下监禁，并且不影响对暴力另外处以相应的刑罚。

囚犯暴乱罪

第354条

囚犯实施暴乱，破坏监狱秩序或者纪律的：

刑罚——处6个月以上2年以下拘役，并且不影响对暴力另外处以相应的刑罚。

背信罪

第355条

律师或者诉讼代理人违背职业义务，损害被委托给其在法庭上保护的利益的：

刑罚——6 个月以上 3 年以下拘役，并处罚金。

同时代理或者变节代理

独立款——律师或者诉讼代理人在同一案件中同时或者先后为对立的双方代理的，处本条规定的刑罚。

扣留有证据价值的文书或者物品罪

第 356 条

律师或者诉讼代理人对基于其律师或者诉讼代理人身份而获得的具有证据价值的文件或者物品，部分或者全部予以毁灭或者不归还的：

刑罚——6 个月以上 3 年以下监禁，并处罚金。

利用影响力获利罪

第 357 条

以声称能对法官、陪审团、公诉机关、司法官员、鉴定人、翻译人或者证人施加影响力为由，索取或者收受金钱或者任何其他利益的：

刑罚——1 年以上 5 年以下监禁，并处罚金。

独立款——如果行为人明示或者暗示该金钱或者利益是提供给本条所指的任何人员的，加重刑罚 1/3。

以暴力或者欺骗方式妨碍司法拍卖罪

第 358 条

以阻止、扰乱或者欺骗手段破坏司法拍卖，或者以暴力、严重威胁、欺骗或者提供好处为手段，使竞买人或者竞卖人退出的：

刑罚——在对暴力行为给予相应的处罚外，并处 2 个月以上 1 年以下拘役或者罚金。

不服从剥夺或者暂停行使权利的司法裁判罪

第 359 条

行使已经被司法裁判剥夺或者暂停行使的职能、活动、权利、权力或者工作的：

刑罚——3 个月以上 2 年以下拘役或者罚金。

第四章 危害公共财政罪①

危害借贷运行罪

第 359 条 A②

在未事先获得合法授权的情况下，指令、授权、实施对内或者对外借贷的：

刑罚——1 年以上 2 年以下监禁。

独立款——指令、授权、实施具有下列情形之一的对内或者对外借贷的，处以相同的刑罚：

I. 不遵守法律或者联邦参议院决议中所规定的限制、条件、数量的；

II. 负债总额超出法律允许的最高限度之时。

将未发生的开支登录于应付余额罪

第 359 条 B③

指令、授权将此前未发生的开支或者超出法律规定范围的开

① 2000 年 10 月 19 日第 10028 号法案新增本章。

② 2000 年 10 月 19 日第 10028 号法案新增本条。

③ 2000 年 10 月 19 日第 10028 号法案新增本条。

支登录于应付金额中：

刑罚——6 个月以上 2 年以下拘役。

在职务或者议会任期结束前最后一年中承担债务罪

第 359 条 C①

在职务或者议会任期结束前最后一年的后两个季度中，指令或者授权承担在该财政年度内无法支付债务或者在下一财政年度没有足够的现金支付其剩余部分的债务的：

刑罚——1 年以上 4 年以下监禁。

指令进行未经批准的开支花费罪

第 359 条 D②

指令进行未经依法批准的开支花费的：

刑罚——1 年以上 4 年以下监禁。

提供恩赐性担保罪

第 359 条 E③

在他人未以法定形式提供等于或者超过担保标的价值的反担保的情况下，为借贷活动提供担保的：

刑罚——3 个月以上 1 年以下拘役。

不将超过法定限度的数额从应付余额中删除罪

第 359 条 F④

不指令、授权、帮助将已经被登录的超过法律允许限度的数额从应付余额中予以删除的：

刑罚——6 个月以上 2 年以下拘役。

---

① 2000 年 10 月 19 日第 10028 号法案新增本条。

② 2000 年 10 月 19 日第 10028 号法案新增本条。

③ 2000 年 10 月 19 日第 10028 号法案新增本条。

④ 2000 年 10 月 19 日第 10028 号法案新增本条。

在职务或者议会任期最后一年内增加人员总开支罪

第 359 条 G[①]

在职务或者议会任期结束前 180 日内，指令、授权、实施增加工作人员总开支的行为的：

刑罚——1 年以上 4 年以下监禁。

非法让证券公开要约或者投放市场罪

第 359 条 H[②]

指令、授权、帮助未获得法律批准而发行的公共证券或者未在集中结算与保管系统中登记注册的公共证券的公开要约或者投放金融市场的：

刑罚——1 年以上 4 年以下监禁。

最后条款

第 360 条

在有关危害国家存立、国家安全、国家完整的犯罪，关于危害大众经济的保障和运行的犯罪，关于出版犯罪和破产犯罪，关于共和国总统、州长或者联邦区行政长官责任的犯罪以及关于军事犯罪的专门立法制定后，本法典与之相抵触的条款予以废止。

第 361 条

本法典自 1942 年 1 月 1 日起开始生效。

---

① 2000 年 10 月 19 日第 10028 号法案新增本条。

② 2000 年 10 月 19 日第 10028 号法案新增本条。

附录：

Ⅰ.《巴西联邦共和国宪法》（节录）

巴西联邦共和国宪法

（1988 年 10 月 5 日颁行）[①]

……

第二编　基本权利和保障

第一章　个人和集体的权利与义务

第 5 条

巴西人和居住在本国的外国人，在法律面前一律平等。保证其下列条款规定的生命、自由、平等、安全、财产权利不受侵犯：

I. 男性和女性平等地享有本宪法规定的权利和义务；

II. 除非依法进行，否则不得强迫任何人做或者不做某事；

III. 任何人不应受酷刑或者不人道的或者侮辱性的处遇；

……

V. 确保对犯罪指控以及财产、精神或者形象损害之赔偿请求的答辩权；

① 迄今为止对这部宪法进行了 50 余次修正。

……

XXXV. 法律不能将对权利的任何损害或者威胁排除于司法权的管辖范围之外；

XXXVI. 法律不能损害既得权利、正当的司法行为和已决案件；

XXXVII. 不允许存在特别的法院和法庭；

XXXVIII. 根据法定的组织形式设立陪审团，应当确保陪审团：

a）充分辩护；

b）秘密投票；

c）独立裁决；

d）行使对故意侵害生命的罪行进行审判的权力；

XXXIX. 无事先的法律规定不为罪，无事先的法律警告无刑罚；

XL. 除非对被告人有利，否则刑法不能有溯及力；

XLI. 法律应当惩罚任何可能侵害基本权利和自由的歧视行为；

XLII. 种族主义行为是不可假释的罪行，应当依法判处监禁且不受时效限制；

XLIII. 实施酷刑、非法贩运麻醉药品或者相关药品、恐怖主义行为以及被规定为不可宽恕的罪行的犯罪的，应当依法视为不可假释的罪行，不能予以特赦或者大赦，其首要分子、行为人和本来能够避免这些犯罪发生却不作为的人，都应当承担责任；

XLIV. 民事或者军事的武装团伙实施破坏宪法秩序和民主国家的行动的，是不可假释的罪行且不受时效限制；

XLV. 刑罚不能及于罪犯之外的其他人，对于赔偿损失的责任和剥夺财产的裁决，在法律有规定的情况下可以延伸至继承人，在继承人受继财产价值的范围内对其予以执行；

XLVI. 法律应当实现刑罚的个别化，并且应当在下列处罚中进行选择：

a）剥夺或者限制自由；

b）没收财产；

c）罚金；

d）易科社会服务；

e）暂停或者剥夺权利；

XLVII. 不能存在下列处罚：

a）死刑，但依据第 84 条 XIX 的规定宣布进入战争状态时除外；

b）终身监禁；

c）强迫苦役；

d）流放；

e）酷刑；

XLVIII. 应当根据罪犯的犯罪性质、年龄和性别，在不同的机构中执行其刑罚；

XLIX. 应当确保罪犯的身体和精神的完整性得到尊重；

L. 应当确保女性罪犯有充分的条件与其处于哺乳期的孩子相处；

LI. 巴西人不得被引渡，但在入籍之前实施了普通犯罪或者有充分的证据证明其参与实施了非法贩运法律规定的麻醉药品或者相关药品的犯罪的除外；

LII. 不能基于政治的或者意识形态的犯罪决定引渡某一外国人；

LIII. 任何人不得遭受无法定资格的机关进行的法律程序或

者裁判；

LIV. 非经正当的法定程序不得剥夺任何人的自由或者财产；

LV. 应当以应有的手段和资源大体确保对刑事和行政程序中的原告和被告实行对抗式辩论制度和让其行使充分的辩护权；

LVI. 以非法手段获取的证据不能在程序中采用；

LVII. 在最终的不能上诉的刑事判决宣告之前，不能认定任何人有罪；

LVIII. 从事民事鉴定的人不能从事刑事鉴定，但法律另有规定的除外；

LIX. 对于公诉犯罪，如果未在法律规定的期间内提起公诉的，应当允许提出自诉；

LX. 法律只能在保护隐私或者社会利益所必需的情况下限制诉讼行为的公开性；

LXI. 除非对现行犯或者依据有法定资格的司法机关的书面的适当命令，否则不能逮捕任何人，但法律有规定的军事违法行为或者特定的军事犯罪除外；

LXII. 应当将被逮捕人被逮捕的事实和关押地点不延误地通知有法定资格的法官、被逮捕人的家庭或者被逮捕人指示的其他人；

LXIII. 被逮捕人应当被告知其包括沉默权在内的权利，并且应当取保其获得家庭和律师的帮助；

LXIV. 被逮捕人有权要求负责对其进行逮捕或者警察询问的人员证明他们的身份；

LXV. 对非法逮捕应当由司法机关没有延误地予以撤销；

LXVI. 在法律允许在交付或者不必交付保释金的情况下让本人具结获释时，不能将行为人投入监禁或者让其继续待在监狱；

LXVII. 除非应当负责的行为人故意且不可宽恕地不履行扶养义务或者属于背信的受委托人，不能对民事债务适用监禁处罚；

LXVIII. 因为他人的非法行为或者滥用权力行为而使其行动自由遭受暴力或者强制侵害或者面临这种侵害危险时，应当向其颁发人身保护令状；

……

LXXIII. 针对损害公共财产或者国家参股的实体的财产、行政管理道德、环境、历史文化遗产的行为，任何公民都是提出无效诉讼的合法主体，除了出自恶意外，不用承担诉讼费用和败诉责任；

LXXIV. 国家应当向被证实无经济能力的任何人提供完整的免费的法律援助；

LXXV. 因为司法错误而使罪犯或者其他被羁押人被超过判决确定的期间关押的，国家应当保障其获得赔偿；

……

LXVIII. 在司法和行政程序中，确保所有人获得合理的诉讼期间和保障程序快捷进行的途径。①

§1. 规定基本权利和保障的条款具有直接适用效力。

§2. 本宪法列举的权利和保障不妨碍源自于宪法制度、宪法原则或者巴西联邦共和国参加的国际条约的其他权利和保障。

§3. 国会两院两轮投票都分别以3/5以上人数批准的国际人权公约和条约，与宪法修正案具有同等效力。②

§4. 巴西接受《国际刑事法院规约》明确规定的国际刑事

① 2004年12月4日第45号宪法修正案新增。

② 2004年12月4日第45号宪法修正案新增。

法院的管辖权。①

……

第四章　政治权利

……

第 15 条

禁止任意剥夺政治权利，只能在下列情况下适用暂停或者剥夺政治权利：

I. 其加入国籍被终审的不可上诉的判决撤销的；

II. 完全无民事行为能力；

III. 被终审的不可上诉的判决决定暂停或者剥夺其政治权利的期间内；

IV. 拒绝履行第 5 条 VIII 对每个人规定的义务或者拒绝提供替代服务的；

V. 实施第 37 条 § 4 规定的行政不法行为的。

……

第三编　国家机构

……

第二章　联　　邦

第 21 条

联邦享有下列权力：

---

① 2004 年 12 月 4 日第 45 号宪法修正案新增。

……

XVII. 予以大赦；

……

第 22 条

联邦对下列事项享有专有的立法权：

I. 民事、商事、刑事、程序、选举、农业、海洋、航空、太空和劳动法；

II. 征用；

……

XV. ……外国人的引渡和驱逐出境；

……

独立款——可以授权各州针对本条所列事项的具体问题进行补充立法。

第四编　权力组织

第一章　立法权

第一节　国　　会

第 44 条

立法权由国会行使，国会由众议院和联邦参议院组成。

独立款——每一个立法期间为 4 年。

……

第二节　国会的权力

第 48 条

在总统批准的情况下，国会有权对第 49 条、第 51 条和第 52 条规定以外的联邦权限范围内的所有事项尤其是下列事项作出规定：

……

VIII. 予以大赦；

……

第 50 条

众议院和联邦参议院及其任何委员会可以传唤部长会议成员或者共和国总统下属的任何机构的主要官员就此前所决定的事项亲自提交有关信息，无充分的正当理由缺席的，将构成渎职罪。①

……

§2. 众议院和联邦参议院的指导委员会可以向部长会议成员或者本条首部所提到的任何人员提交要求提供信息的书面请求，如果在 30 日内拒绝提供、不服从或者提供虚假的信息的，构成渎职罪。②

第三节　众议院

第 51 条

众议院享有下列专有权力：

① 1994 年 6 月 7 日第 2 号宪法修正案修正。

② 1994 年 6 月 7 日第 2 号宪法修正案修正。

I. 由其2/3以上的成员批准对共和国总统、副总统或者部长会议成员提起弹劾诉讼程序;

……

第四节 联邦参议院

第52条

联邦参议院享有下列专有权力:

I. 批准就渎职罪针对共和国总统、副总统、部长会议成员、海陆空总司令提起的弹劾诉讼程序并进行审理;[①]

II. 批准就渎职罪针对联邦最高法院法官、国家司法委员会成员、国家公诉委员会成员、共和国总检察长和联邦总法律顾问提起的弹劾诉讼程序并进行审理;[②]

III. 在公开听证后,以秘密投票方式批准下列人员的人选:

a)在本宪法有规定的情况下的法官;

b)共和国总统任命的联邦审计法院的法官;

……

X. 停止被联邦最高法院终审裁定宣布部分或者全部违宪的法律的适用;

……

独立款——如果I和II规定的情况成立,联邦最高法院首席法官将担任总统,只能在2/3以上的联邦参议院议员投票支持的情况下作出判决,弹劾对象将在8年内失去担任任何公职的资格,但这一判决不影响对其适用其他司法制裁。

---

① 1999年9月2日第23号宪法修正案进行修正。

② 2004年12月8日第45号宪法修正案进行修正。

……

第八节 立法程序

……

第二目 修改宪法

第 60 条

下列人员可以提议修改宪法：

I. 至少 1/3 的众议院或者联邦参议院的议员；

II. 共和国总统；

III. 超过 1/2 的联邦成员的立法会议（每一个成员的立法会议以相对多数通过）。

§1. 联邦干预、战争状态或者戒严状态之时，不得修改宪法。

§2. 提议应当由国会两院讨论并进行投票表决，两轮投票都分别以各自 3/5 以上议员同意的，视为获得批准。

§3. 宪法修正案应当由众议院和联邦参议院的指导委员会以各自的数字序号予以公布。

§4. 意图在于废止下列事项的修正提案：

I. 国家的联邦形式；

II. 直接、秘密、普遍、定期选举原则；

III. 政府权力分立；

IV. 个人权利和保障。

§5. 如果修正提议所涉事项被拒绝或者被认为是有害的，不能在同一立法会期内作为另一提议的主题。

第三目　法　　律

第61条

国会、众议院或者联邦参议院的委员会或其任何成员、共和国总统、联邦最高法院、高等法院、共和国总检察长、公民，都有权在宪法规定的情况下以宪法规定的方式行使补充立法和普通法律的提案权。

……

§2. 人民的提案权可以采取由不少于1%的国家选民联署的法律草案的方式向众议院提交，但是这些参与联署的选民至少分布于5个州，且参与联署的各州选民不少于该州选民人数的3/10。

第62条①

对于重要的紧急事项，共和国总统可以采取具有法律效力的临时法令，但应当立即将其提交给国会。

§1. 不能对下列事项颁布临时措施：

I. 有关：

a）国籍、公民、政治权利、政党和选举权；

b）刑法、刑事诉讼、民事诉讼；

c）司法机关、公诉机关的组织体制以及它们的成员的职业生涯和保障；

……

① 2001年9月11日第32号宪法修正案修正。

第二章　行政权

第一节　共和国的总统与副总统

第 76 条

行政权由共和国总统在部长会议的协助下行使。

……

第二节　共和国总统的职权

第 84 条

共和国总统享有下列专有的权力：

……

III. 在本宪法规定的情况下以本宪法规定的方式启动立法程序；

IV. 批准、宣布、指示公布法律，以及为法律的实施发布法令和条例；

V. 对法案予以全部或者部分地否决；

……

IX. 颁布战争状态和戒严状态的法令；

X. 颁布法令和实施联邦干预；

……

XII. 如果必要的话，在听取法定机构的意见后，给予特赦和减刑；

……

XIV．在参议院批准后任命联邦最高法院法官、高等法院法官、联邦地区行政长官、共和国总检察长……

XV．根据第73条的规定任命联邦审计法院法官；

XVI．在宪法规定的情况下任命其他法官和联邦总法律顾问；

……

XXVI．根据第62条的规定颁布具有法律效力的临时措施；

XXVII．履行宪法规定的其他职责。

独立款——共和国总统可以将前款VI、XII、XXV规定的职责授权给部长会议成员、共和国总检察长、联邦总法律顾问行使，后者应当遵守每次授权所规定的限制条件。

第三节　共和国总统的责任

第85条

共和国总统试图破坏宪法尤其是下列事项的，构成渎职罪：

I．联邦的存续；

II．立法权、司法权、公诉机关、联邦主体的宪法权力的自由行使；

III．政治、个人和社会权利的行使；

IV．国家的国内安全；

V．管理道德；

VI．预算法；

VII．遵从法律和法院的裁判。

……

第三章　司法权

第一节　一般规定

第 92 条

司法权的主体是：

I. 联邦最高法院；

IA. 国家司法委员会；①

II. 高等法院法官；

III. 联邦地区法院和联邦法官；

IV. 劳动法院和法官；

V. 选举法院和法官；

VI. 军事法院和法官；

VII. 州、联邦区、联邦地区法院和法官。

§1. 联邦最高法院、国家司法委员会、高等法院设立于联邦首都。②

§2. 联邦最高法院和高等法院对全巴西领域享有管辖权。③

……

第 97 条

法院可以宣布法律或者政府的规范性文件违宪，但应当由他们的成员投票以绝对多数决定。

……

① 2004 年 12 月 8 日第 45 号宪法修正案新增。

② 2004 年 12 月 8 日第 45 号宪法修正案修正。

③ 2004 年 12 月 8 日第 45 号宪法修正案修正。

第二节　联邦最高法院

第 101 条

联邦最高法院由 11 名法官组成，法官从年满 35 岁且不满 65 岁、具有卓越的司法知识和极其清白的声誉的公民中选拔。

独立款——联邦最高法院法官由共和国总统在联邦参议院以绝对多数批准其提名后予以任命。

第 102 条

联邦最高法院负责维护宪法，在其权限范围内：

I. 作为一审对下列事项提起法律诉讼并进行审判：

a）负责对联邦或者州的法律或者规范性文件的违宪诉讼以及宣告合宪的诉讼；①

b）共和国总统、副总统、国会议员、联邦最高法院法官、共和国总检察长实施的普通犯罪；

c）部长会议成员、海陆空军总司令、高等法院法官、联邦审计法院法官、常驻外交使团团长实施的普通犯罪和第 52 条规定以外的渎职罪；②

d）当前述两款所指的人员的人身保护令状请求；针对共和国总统、众议院和联邦参议院的指导委员会、联邦审计法院、共和国总检察长、联邦最高法院自身的法庭执行令状和个人资料请求令状；

e）外国、国际组织与联邦、州、联邦区、联邦地区之间的诉讼；

① 1993 年 3 月 17 日第 3 号宪法修正案修正。

② 1999 年 9 月 2 日第 23 号宪法修正案修正。

f）联邦和州之间、联邦和联邦区之间，或者联邦与其他主体包括间接管理机关之间的争议与冲突；

g）外国提出的引渡请求；

h）（废止）；[①]

……

j）刑事再审和撤销其裁判的诉讼；

……

o）高等法院法官与其他任何法院之间、高等法院之间、高等法院与其他任何法院之间的权限冲突；

p）在违宪直接诉讼中提出的采取临时救济措施的请求；

q）与共和国总统、国会、众议院、联邦参议院、国会两院各自的指导委员会、联邦审计法院、高等法院或者联邦最高法院自身起草条例时有关的禁止令；

r）针对国家司法委员会或者国家公诉委员会提起的诉讼；[②]

II. 审理下列普通的上诉案件：

a）高等法院一审驳回的人身保护令、法庭执行令、个人资料请求令、禁止令；

b）政治犯罪；

III. 对具有下列情形之一的一审或者终审案件的生效裁判提出的特别上诉案件进行审理：

a）违反宪法条款；

b）宣布条约或者联邦法律违宪；

c）认为地方政府的法律或者行为与本宪法冲突而无效；

---

① 2003年12月8日第45号宪法修正案废止。

② 2003年12月8日第45号宪法修正案新增。

d）认为地方立法与联邦法律冲突而无效。[①]

§1. 针对不遵守本宪法规定的基本令状而提出的请求，由联邦最高法院依法进行审查。[②]

§2. 联邦最高法院在违宪直接诉讼和宣布合宪诉讼中所宣告的裁判决定，对诉讼双方以及其他司法权主体、联邦、州、市的直接或者间接的公共管理机构均有约束力。[③]

§3. 在特别上诉中，上诉人应当依法证明案件中所争议的宪法问题的普遍影响力，以便法院对接受的上诉进行审查，拒绝上诉请求应当以2/3以上的法官投票准许。[④]

第103条[⑤]

下列主体可以提起违宪诉讼和宣告合宪诉讼：

I. 共和国总统；

II. 联邦参议院指导委员会；

III. 众议院指导委员会；

IV. 国家立法会议和联邦区立法会议指导委员会；

V. 州长或者联邦区行政长官；

VI. 共和国总检察长；

VII. 巴西律师协会联邦理事会；

VIII. 占有国会议席的政党；

IX. 劳动工会联盟或者全国性的行业组织。

§1. 在所有的违宪诉讼和最高法院管辖的其他诉讼中，应

---

① 2003年12月8日第45号宪法修正案新增。

② 1993年3月17日第3号宪法修正案修正。

③ 2004年12月8日第45号宪法修正案修正。

④ 2004年12月8日第45号宪法修正案修正。

⑤ 2004年12月8日第45号宪法修正案新增。

当提前告知共和国总检察长。

§2. 在因为没有采取使宪法规定落实的措施而宣告违宪的情况下，应当通知法定的权力机关采取适当的行动，如果是行政机关的，应当在30日之内采取这种行动。

§3. 在联邦最高法院审查法律条款或者规范性文件的抽象理论问题时，应当首先传唤联邦总法律顾问对受到异议的法案或者条文进行辩护。

……

第103条B[①]

国家司法委员会由35岁以上且不满65岁的15名成员组成，任期2年并可以连任一次。其成员为：

I. 由联邦最高法院任命的1名该法院法官；

II. 由高等法院任命的1名该法院法官；

III. 由高等劳动法院任命的1名该法院法官；

IV. 由联邦最高法院任命的来自司法委员会的1名法官；

V. 由联邦最高法院任命的来自州法院的1名法官；

VI. 由高等法院任命的来自联邦地区法院的1名法官；

VII. 由高等法院任命的1名联邦法官；

VIII. 由高等劳动法院任命的来自地区劳动法院的1名法官；

IX. 由高等法院任命的1名劳动法官；

X. 共和国总检察长任命的来自联邦公诉机关的1名成员；

XI. 共和国总检察长任命的来自州公诉机关的1名成员（必须从各州的公诉机关的有权机构批准的名单中选择）；

XII. 由巴西律师协会联邦理事会任命的1名律师；

---

① 2004年12月8日第45号宪法修正案新增。

XIII. 2名具有卓越司法知识和极其清白的声誉的公民，由众议院和联邦参议院各自任命1名。

……

第三节　高等法院

第104条

高等法院由至少33名法官组成。

……

第105条

高等法院有权：

I. 对下列案件提起法律诉讼并进行一审审判：

a）州和联邦区的行政长官实施的普通犯罪和渎职罪，州法院和联邦区法院的法官、州和联邦区的审计法院法官、联邦地区法院法官、地区选举法院法官、地区劳动法院法官、市政会议成员、市审计法院法官、联邦公诉机关成员实施的渎职罪；

b）针对州的部长、海陆空军司令、高等法院自身的法官提出的法庭执行令和个人资料请求令；①

c）以前款所指人员为强制方或者请求人，或者当强制方为州的部长、海陆空军司令的人身保护令，但以不影响选举法院的权力为限；②

d）任何法院之间（第102条I规定的情况除外）、法院和不属于该院的其他法官之间、分属不同法院的法官之间的权限冲突；

---

① 1999年第23号宪法修正案新增。

② 1999年第23号宪法修正案修正。

e）刑事再审和撤销其裁判的诉讼；

……

g）联邦的行政机关和司法机关之间、州的司法机关和另一个州或者联邦区的行政机关之间、州或者联邦区的行政机关和联邦的行政机关之间的职责冲突；

……

i）认可外国判决和批准调查委托许可。[①]

II. 审理下列普通的上诉案件：

a）联邦地区法院、州法院、联邦区法院、联邦地区法院一审或者终审驳回的人身保护令；

b）联邦地区法院、州法院、联邦区法院、联邦地区法院一审驳回的法庭执行令；

c）一方当事人是外国国家或者国际组织、另一方当事人是巴西的永久居住或者定居于本国的人的诉讼。

III. 对具有下列情形之一的由联邦地区法院、州法院、联邦区法院一审或者终审的案件的生效裁判提出的特别上诉案件进行审理：

a）违反条约或者联邦法律，或者否认其效力；

b）认为地方政府的行为违反联邦法律而无效；[②]

c）对联邦法律给予与其他法院已作出的解释不同的解释。

……

① 2004年12月8日第45号宪法修正案新增。

② 2004年12月8日第45号宪法修正案修正。

第四节　联邦地区法院和联邦法官

第106条

联邦司法的主体是：

I. 联邦地区法院；

II. 联邦法官。

……

第108条

联邦地区法院有权：

I. 对下列案件提起法律诉讼并进行一审审判：

a）联邦法官（包括军事法院、劳动法院的联邦法官）或者联邦公诉机关成员所实施的普通犯罪或者渎职罪，但这不影响选举法院的权限；

b）刑事再审和撤销其自身或者该地区的联邦法官所做的裁判的诉讼；

c）针对其自身或者联邦法官的行为的法庭执行令和个人资料请求令；

d）强制方是联邦法官的人身保护令；

e）属于该法院的联邦法官之间的权限冲突。

II. 对在其管辖区域行使联邦权力的联邦法官或者州法官所裁决提出上诉的案件进行审理。

第109条

联邦法官有权对下列案件提出法律诉讼并进行审理：

I. 联邦、联邦的自治机构、联邦公营公司作为原告、被告、利害关系人、诉讼参加人的案件，但破产、劳动事故案件和应当归选举法院或者劳动法院管辖的案件除外；

II．一方是外国国家或者国际组织、另一方是巴西的永久居住或者定居于本国的人的诉讼案件；

III．基于联邦与外国国家、国际组织之间的条约或者协议的诉讼案件；

IV．政治犯罪，针对联邦、联邦的自治机构、联邦公营公司的财产、服务、利益实施的犯罪，但违警罪和应当归军事法院或者选举法院管辖的除外；

V．对结果发生于或者本来应当发生于本国境外的国际条约或者公约规定的犯罪，但可追诉的行为开始于本国的案件的间接管辖，或者对行为与结果发生地正好相反的案件的间接管辖；

VA．与本条§5规定的人权有关的案件；①

VI．权限范围内的人身保护令或者不属任何其他法院直接司法管辖范围的由某一机关行为实施强制的人身保护令；

VII．不属于联邦法院权限范围的对联邦机关的行为提起的法庭执行令或者个人资料请求令；

VIII．不属于军事法院管辖的实施于船舶或者航空器上的犯罪；

IX．外国人非法入境或者居留的犯罪……

……

① 2004年12月8日第45号宪法修正案新增。

第五节　劳动法院与法官

第 111 条

劳动司法的主体是：

I. 高等劳动法院；

II. 地区劳动法院；

III. 劳动法官。

……

第六节　选举法院与法官

第 118 条

选举司法的主体是：

I. 高等选举法院；

II. 地区选举法院；

III. 选举法官；

IV. 选举委员会。

……

第七节　军事法院与法官

第 122 条

军事司法的主体是：

I. 高等军事法院；

II. 军事法院和法律规定的法官。

……

第124条

军事法院有权对法律规定的军事犯罪实施法定的诉讼程序和审判。

……

第八节　州法院与法官

第125条

州应当遵照本宪法规定的原则建立他们的司法体制。

……

§4. 州的军事法院有权对法律规定的军事犯罪提起法律诉讼和审判，在被害人是平民时，可以在不损害陪审团的权力的条件下对军事违法行为进行司法诉讼，但这不妨碍有法定权限的法院剥夺职位、撤销军衔、降低等级。①

……

① 2004年12月8日第45号宪法修正案新增。

Ⅱ.《中华人民共和国和巴西联邦共和国关于刑事司法协助的条约》

中华人民共和国和巴西联邦共和国（以下简称“双方”），在相互尊重国家主权和平等互利的基础上，为促进两国在刑事司法协助领域的有效合作，达成协议如下：

第一条 协助范围

一、双方应当根据本条约的规定，在侦查、起诉以及其他刑事诉讼程序方面相互提供司法协助。

二、协助应当包括：

（一）送达文书；

（二）获取人员的证言或者陈述；

（三）获取和提供鉴定结论；

（四）提供文件、记录和证据物品，包括银行、金融、公司或者商业记录；

（五）查找或者辨认人员、资产以及证据物品；

（六）进行司法勘验，检查场所或者物品；

（七）安排有关人员作证或者协助调查；

（八）移送在押人员以便获取证言或者证据；

（九）执行查询、搜查、冻结和扣押的请求；

（十）犯罪所得和犯罪工具的处置；

（十一）通报刑事诉讼结果，提供犯罪记录以及其他记录；

（十二）交流法律资料；

（十三）被请求方法律不禁止的其他任何形式的协助。

三、被请求方可以非双重犯罪为由拒绝提供本条规定的司法协助。但是，被请求方可以在其认为适当时在斟酌决定的范围内提供协助，不论该行为根据其本国法律是否构成犯罪。

第二条　中央机关

一、双方应当指定中央机关根据本条约递交和接收请求。为本条约的目的，双方中央机关应当直接联系。

二、在中华人民共和国方面，中央机关为司法部。在巴西联邦共和国方面，中央机关为司法部。

三、任何一方如果变更其指定的中央机关，应当通过外交途径将该变更通知另一方。

第三条　协助的限制

一、有下列情形之一的，被请求方可以拒绝协助：

（一）请求涉及军事犯罪；

（二）被请求方认为，执行请求将损害本国主权、安全、公共秩序或者其他重大公共利益；

（三）被请求方已就请求涉及的同一犯罪对同一人员作出最终裁决；

（四）请求涉及政治犯罪；

（五）被请求方有充分理由认为，请求的目的是基于某人的种族、性别、宗教、国籍或者政治见解而对该人进行侦查、起诉、处罚或者其他诉讼程序，或者该人的地位可能由于上述任何原因受到损害；

（六）请求的提出不符合本条约的规定。

二、如果执行请求会妨碍被请求方正在进行的侦查、起诉或者其他诉讼程序，被请求方可以推迟提供协助。

三、在根据本条规定拒绝或者推迟协助前，被请求方中央机关应当与请求方中央机关协商，考虑是否可以在其认为必要的条件下给予协助。如果请求方接受附条件的协助，则应当遵守这些条件。

四、被请求方中央机关如果拒绝或者推迟协助，应当将拒绝或者推迟的理由通知请求方中央机关。

第四条　请求的形式和内容

一、协助请求应当以书面形式提出，除非被请求方中央机关在紧急情形下接受其他形式的请求。在这种紧急情形下，如果请求不是以书面形式提出，则应当在十五天内以书面形式确认，但被请求方中央机关另行同意的除外。

二、请求应当包括以下内容：

（一）请求所涉及的进行侦查、起诉或者其他诉讼程序的机关的名称；

（二）对请求事项以及侦查、起诉或者其他诉讼程序的性质的说明，包括请求涉及案件所适用的法律规定；

（三）对于请求提供的协助、协助的目的以及与案件相关性的说明；

（四）希望请求得以执行的期限。

三、在必要和可能的范围内，请求还应当包括以下内容：

（一）被取证人员的身份和所在地的资料；

（二）被送达人的身份和所在地的资料，该人与诉讼的关系以及送达的方式；

（三）需查找人员的身份和下落的资料；

（四）关于需搜查的地点或者人员以及需冻结或者扣押的证据物品或者资产的说明；

（五）关于需勘验或者检查的地点或者物品的说明；

（六）关于获取和记录证言或者陈述的方式的说明；

（七）需向证人询问的问题清单；

（八）在执行请求时需遵循的特别程序的说明；

（九）保密的需要及其理由的说明；

（十）关于被要求在请求方出庭的人员有权得到的津贴和费用的资料；

（十一）其他任何可以向被请求方提供的便于执行请求的资料。

四、被请求方如果认为请求中包括的内容尚不足以使其处理该请求，可以要求提供补充资料。

第五条　文字

一、根据本条约提出的请求以及提交的辅助文件应当附有被请求方官方文字的译文。

二、在向请求方提供协助时，被请求方可以使用其官方文字。

三、双方中央机关可以使用英文联系。

四、本条所指的译文无需证明。

第六条　请求的执行

一、被请求方应当根据本国法律即时执行协助请求。

二、被请求方在不违背本国法律的范围内，可以按照请求方要求的方式执行协助请求。

三、被请求方中央机关应当作出一切必要安排，在被请求方因根据本条约提出的协助请求而产生的诉讼程序中为请求方提供代表。

四、被请求方应当将执行请求的结果即时通知请求方。如果无法提供所请求的协助，被请求方应当将原因通知请求方。

第七条　保密和限制使用

一、如果请求方提出要求，被请求方应当对请求，包括其内容和辅助文件，以及根据请求所采取的行动予以保密。如果不违反保密要求就无法执行请求，被请求方应当将此情况通知请求方，请求方应当随后决定该请求是否仍然应当执行。

二、如果被请求方提出要求，请求方应当对被请求方提供的资料和证据予以保密，或者仅在被请求方指明的条件下使用。

三、未经被请求方事先同意，请求方不得将根据本条约所获得的资料或者证据，用于请求所述案件以外的其他任何目的。

第八条　费用

一、被请求方应当负担在其境内执行请求的所有通常费用，但是请求方应当负担下列费用：

（一）鉴定人的费用和报酬；

（二）为本条约的目的，从一方境内前往另一方境内的人员的旅费和其他费用；

（三）笔译、口译和抄录费用。

二、请求方应当按照要求，预付由其负担的津贴、费用和报酬。

三、如果请求的处理需要超常费用，双方应当协商确定提供协助的条件。

第九条　送达文书

一、被请求方应当根据本国法律并依请求，送达请求方递交的文书。

二、被请求方在执行送达后，应当向请求方出具送达证明。送达证明应当包括送达日期、地点和送达方式的说明，并且应当由送达文书的机关签署或者盖章。如果无法送达，则应当通知请求方，并且说明原因。

第十条 调取证据

一、被请求方应当根据本国法律并依请求，调取证据并移交给请求方。

二、如果请求涉及移交文件或者记录，被请求方可以移交经证明的副本或者影印件。在请求方明确要求移交原件的情况下，被请求方应当尽可能满足此项要求。

三、在不违背被请求方本国法律的范围内，根据本条移交给请求方的文件和其他资料，应当按照请求方要求的形式予以证明，使其可以依请求方本国法律得以接受。

四、被请求方在不违背本国法律的范围内，可以同意请求中指明的人员在执行请求时到场，并允许这些人员通过被请求方司法人员向被取证人员提问。为此目的，被请求方应当即时将执行请求的时间和地点通知请求方。

第十一条 拒绝作证

一、根据本条约被要求作证的人员，如果被请求方法律允许该人在被请求方提起的诉讼中的类似情形下不作证，则可以拒绝作证。

二、如果根据本条约被要求作证的人员主张根据请求方本国法律无行为能力、享有豁免或者享有特权，该取证仍然应当进行，同时该主张应当被告知请求方中央机关，由请求方机关处理。

第十二条 在请求方作证和协助调查

一、如果请求方要求某人作为证人或者鉴定人在该方出庭，被请求方应当邀请该人前往请求方出庭。请求方应当说明其负担费用的范围。被请求方中央机关应当将该人的答复立即通知请求方中央机关。

二、邀请有关人员在请求方出庭的文书送达请求，应当在不迟于预定的出庭日六十天前递交给被请求方，除非被请求方中央机关在紧急情形下同意在较短期限内递交。

第十三条　移送在押人员

一、如果需要在被请求方的在押人员到请求方提供本条约规定的协助，只要该人同意且双方中央机关达成一致，则应当将该人从被请求方移送至请求方提供协助。

二、如果需要在请求方的在押人员到被请求方提供本条约规定的协助，只要该人同意且双方中央机关达成一致，则可以将该人从请求方移送至被请求方提供协助。

三、为本条的目的，

（一）除非移送方另有授权，接收方应当对被移送的人员予以羁押；

（二）在取证完毕或者在双方中央机关同意的其他情况下，接收方应当将被移送的人员尽快交还移送方羁押；

（三）接收方不得为交还被移送的人员，要求移送方提起引渡程序；

（四）该人在接收方被羁押的时间，应当折抵其在移送方被判处的刑期。

第十四条　证人和鉴定人的保护

一、请求方对于到达其境内的证人或者鉴定人，不得针对该人在入境前的任何作为或者不作为进行侦查、起诉、羁押、处罚或者采取其他限制人身自由的措施，也不得要求该人在请求未涉及的任何侦查、起诉或者其他诉讼程序中作证或者协助调查，除非事先取得被请求方中央机关和该人的同意。

二、如果上述人员在被正式通知无需继续停留后十五天内未离开请求方，或者离开后又自愿返回，则不再适用本条第一款。但是，该期限不包括该人由于本人无法控制的原因而未能离开请求方的期间。

三、对于拒绝根据本条约第十二条或者第十三条作证或者协助调查的人员，不得由于此种拒绝而施加任何刑罚或者采取任何限制其人身自由的强制措施。

第十五条　查找或者辨认人员、资产或者证据物品

被请求方应当尽力查找或者辨认请求中指明的人员、资产或者证据物品。

第十六条　查询、搜查、冻结和扣押

一、被请求方应当在本国法律允许的范围内，执行查询、冻结、搜查和扣押作为证据的财物的请求。

二、被请求方应当按照请求方的要求，向请求方提供有关执行上述请求的结果，包括查询或者搜查的结果，冻结或者扣押的地点和状况以及有关财物随后被监督的情况。

三、如果请求方同意被请求方针对移交所提出的条件，被请求方可以将被扣押财物移交给请求方。

第十七条　向被请求方归还文件、记录和证据物品

请求方应当按照被请求方中央机关的要求，尽快归还被请求方根据本条约向其提供的文件或者记录的原件和证据物品。

第十八条　犯罪所得和犯罪工具

一、被请求方应当根据请求，努力确定犯罪所得或者犯罪工具是否位于其境内，并且应当将调查结果通知请求方。在提出这种请求时，请求方应当将其认为上述犯罪所得或者犯罪工具可能位于被请求方境内的理由通知被请求方。

二、如果根据本条第一款，涉嫌的犯罪所得或者犯罪工具已被找到，被请求方应当根据请求方的请求，按照本国法律采取措施冻结、扣押和没收上述犯罪所得或者犯罪工具。

三、在本国法律允许的范围内并依照双方商定的条件，被请求方可以根据请求方的请求，将上述犯罪所得、犯罪工具的全部或者部分，或者出售有关资产的所得移交给请求方。

四、在适用本条时，被请求方和第三人对上述所得或者工具的合法权益应当根据被请求方本国法律受到尊重。

第十九条　通报刑事诉讼结果

一、曾根据本条约提出协助请求的一方，应当按照被请求方的要求，向被请求方通报协助请求所涉及的刑事诉讼的结果。

二、一方应当根据请求，向另一方通报其对该另一方国民提起的刑事诉讼的结果。

第二十条　提供犯罪记录和其他记录

一、如果在请求方被刑事侦查或者起诉的人在被请求方曾经受过刑事追诉，则被请求方应当根据请求，向请求方提供该人的犯罪记录和对该人判刑的情况。

二、被请求方应当向请求方提供其主管机关拥有的任何形式的公开记录、文件或者资料的副本。

三、被请求方可以将其机关拥有的任何形式的非公开的记录、文件或者资料的副本，在与本国执法或者司法机关可以获得的相同范围内并依相同条件提供给请求方。被请求方可以自行决定全部或者部分拒绝根据本款提出的请求。

第二十一条　交流法律资料

双方可以根据请求，相互交流各自国家现行的或者曾经实施的与履行本条约有关的法律和司法实践的资料。

第二十二条　证明和认证

为本条约的目的，根据本条约转递的任何文件，不要求任何形式的证明或者认证，但是本条约另有规定的除外。

第二十三条　其他安排

本条约规定的协助和程序不妨碍任何一方根据其他可适用的国际协议或者其本国法律向另一方提供协助。双方也可以根据其他任何可适用的双边安排、协议或者惯例相互提供协助。

第二十四条　协商

双方中央机关应当在适当时进行协商，以促进本条约的有效实施。为便利本条约的执行，双方中央机关还可以就必要的实施措施达成协议。

第二十五条　争议的解决

因本条约的解释和适用产生的争议，如果双方中央机关不能自行达成协议，应当通过外交途径协商解决。

第二十六条　适用

本条约适用于条约生效后提出的任何请求，即使构成犯罪的作为或者不作为发生在条约生效前。

第二十七条　批准、生产、修订和终止

一、本条约须经批准，条约自互换批准书之日后第三十天生效。

二、双方可以通过协议修订本条约。双方在完成修订生效所需的全部国内程序后，通过外交途径互换书面通知，该修订即告生效。

三、任何一方可以通过外交途径，以书面形式通知终止本条约。终止自通知之日后第一百八十天生效。

下列签署人经各自政府适当授权，签署本条约，以昭信守。

本条约于二〇〇四年五月二十四日订于北京，一式两份，每份均以中文、葡萄牙文和英文制成，三种文本同等作准。如遇解释上的分歧，以英文本为准。

中华人民共和国代表	巴西联邦共和国代表
李肇星（外长）	塞尔索·阿莫林（外长）
（签字）	（签字）

Ⅲ.《中华人民共和国和巴西联邦共和国引渡条约》

中华人民共和国和巴西联邦共和国（以下简称“双方”），在相互尊重主权和平等互利的基础上，为促进两国在打击犯罪方面的有效合作，达成协议如下：

第一条　引渡义务

缔约一方有义务根据本条约的规定，应另一方请求，引渡在其境内发现的被另一方通缉的人员，以便对其进行刑事诉讼或者执行刑罚。

第二条　可引渡的犯罪

一、只有在引渡请求所针对的行为根据双方法律均构成犯罪，并且符合下列条件之一时，才能同意引渡：

（一）为进行刑事诉讼而请求引渡的，根据双方法律，对于该犯罪均可判处至少一年有期徒刑或者更重的刑罚；

（二）为执行刑罚而请求引渡的，在提出引渡请求时，被请求引渡人尚未服完的刑期至少为一年。

二、根据本条第一款确定某一行为是否根据双方法律均构成犯罪时，不应考虑双方法律是否将该行为归入同一犯罪种类或者使用同一罪名。

三、如果引渡请求涉及两个以上根据双方法律均构成犯罪的行为，只要其中有一项行为符合本条第一款规定的刑罚条件，被请求方即可以针对上述各项行为同意引渡。

第三条　应当拒绝引渡的理由

一、有下列情形之一的，应当拒绝引渡：

（一）被请求方认为引渡请求所针对的犯罪是政治犯罪；

（二）被请求方有充分理由认为，请求引渡的目的是基于被请求引渡人的种族、性别、宗教、国籍或者政治见解而对该人进行刑事诉讼或者执行刑罚，或者该人在刑事诉讼程序中的地位将会因为上述任何原因受到损害；

（三）根据被请求方法律，引渡请求所针对的犯罪仅构成军事犯罪；

（四）根据被请求方法律，被请求引渡人是被请求方国民；

（五）根据任何一方的国内法，由于时效已过、赦免等原因，被请求引渡人已经被免予追诉或者免予执行刑罚；

（六）被请求方已经对被请求引渡人就引渡请求所针对的犯罪作出生效判决或者终止刑事诉讼程序；

（七）根据任何一方的法律，引渡请求所涉及的案件属于被害人告诉才处理的案件；

（八）被请求引渡人受到或将受到请求方特设法庭的审判；

（九）请求方对被请求引渡人可能判处的刑罚与被请求方法律的基本原则相抵触。

二、为第一款第（一）项的目的，双方均为缔约国的国际公约不视为政治犯罪的罪行在任何情况均不被认为是政治犯罪。

第四条　可以拒绝引渡的理由

有下列情形之一的，可以拒绝引渡：

（一）被请求方根据本国法律对引渡请求所针对的犯罪具有管辖权，并且对被请求引渡人就该犯罪正在进行刑事诉讼或者准备提起刑事诉讼；

（二）被请求方在考虑犯罪的严重性和请求方利益的同时，认为由于被请求方引渡人的年龄、健康及其他个人原因，引渡不符合人道主义考虑。

第五条 在被请求方提起刑事诉讼的义务

如果根据本条约第三条第一款第（四）项不同意引渡，则被请求方应当根据请求方的要求，将案件提交其主管机关以便根据其国内法提起刑事诉讼。为此目的，请求方应当向被请求方提供与案件有关的文件和证据。

第六条 联系途径和中央机关

一、为本条约目的，双方应当通过外交途径进行联系。

二、双方负责实施本条约的中央机关，在中华人民共和国方面是外交部，在巴西联邦共和国方面是司法部。

第七条 引渡请求及所需文件

一、引渡请求应当以书面形式提出，并且包括或者附有：

（一）请求机关的名称；

（二）被请求引渡人的姓名、年龄、性别、国籍、身份证件、职业、住所地或者居所地等有助于确定被请求引渡人的身份和可能所在地点的资料；如有可能，有关该人的描述、该人的照片和指纹；

（三）有关案情的说明，包括犯罪行为及其后果的概述；

（四）有关该项犯罪的管辖权、定罪和刑罚的法律规定；

（五）有关追诉时效或者执行判决期限的法律规定。

二、除本条第一款规定外，

（一）旨在对被请求引渡人进行刑事诉讼的引渡请求还应当附有请求方主管机关签发的逮捕证的复印件；

（二）旨在对被请求引渡人执行刑罚的引渡请求还应当附有

已生效的法院判决书的复印件和关于已经执行刑期的说明。

三、引渡请求及所需文件应当附有被请求方文字的译文，并免于认证或类似程序。如提交的是复印件，则应当由主管机关证明。

第八条 补充材料

如果被请求方认为，为支持引渡请求所提供的材料不充分，可以要求在六十天内提交补充材料，如果请求方提出要求，这一期限可以延长十五天。如果请求方未在该期限内提交补充材料，应当被视为自愿放弃请求，但是不妨碍请求方就同一犯罪重新提出引渡请求。

第九条 临时羁押

一、在紧急情况下，一方可以请求另一方在收到引渡请求前临时羁押被请求引渡人。此种请求可以通过第六条规定的途径、国际刑事警察组织或者双方同意的其他途径以书面形式提出。

二、临时羁押请求应当包括本条约第七条第一款所列内容，说明已经备有该条第二款所列文件，以及即将提出正式引渡请求。以上所有文件应当附有被请求方文字的译文。

三、被请求方应当将处理该请求的结果及时通知请求方。

四、如果被请求方在通知请求方大使馆已羁押被请求引渡人之日起六十天内未收到正式引渡请求，则应当解除临时羁押，经请求方合理要求，上述期限可以延长十五天。

五、如果被请求方后来收到了正式的引渡请求，则根据本条第四款解除临时羁押不应妨碍对被请求引渡人的引渡。

第十条 对引渡请求作出决定

一、被请求方应当根据本国法律规定的程序处理引渡请求，并且迅速将决定通知请求方。

二、被请求方如果全部或者部分拒绝引渡请求，应当将理由通知请求方。

第十一条　移交被引渡人

一、如果被请求方同意引渡，双方应当商定执行引渡的时间、地点及其他有关事宜。同时，被请求方应当告知请求方被引渡人在移交之前因引渡请求被羁押的时间。

二、除本条第三款另有规定外，如果请求方在其大使馆收到同意引渡的通知之日起六十天内未接收被引渡人，被请求方应当释放该人，并且可以拒绝请求方就同一犯罪再次提出引渡该人的请求。

三、如果一方因不可抗力原因不能移交或者接收被引渡人，应当通知另一方。双方应当商定新的移交日期。

第十二条　推迟移交和临时移交

一、如果被请求引渡人正在被请求方因为引渡请求所针对的犯罪之外的犯罪被提起刑事诉讼或者服刑，被请求方可以在作出同意引渡的决定后，推迟移交该人直至诉讼终结或者服刑完毕。被请求方应当将推迟移交事项通知请求方。

二、如果本条第一款规定的推迟移交会造成请求方刑事追诉时效丧失或者妨碍对引渡请求所针对的犯罪进行调查，被请求方可以在本国法律允许的范围内，根据双方确定的条件，将被请求引渡人临时移交给请求方。请求方在完成有关程序后，应当立即将该人送还被请求方。

第十三条　数国提出的引渡请求

如果一方和任何第三国就同一人提出引渡请求，被请求方有权决定接受哪一国的请求。

第十四条　特定规则

请求方对于根据本条约被引渡的人，除同意引渡所针对的犯罪外，不得就该人在移交前所实施的其他犯罪进行刑事诉讼或者执行刑罚，也不能将其引渡给第三国，但是有下列情况之一的除外：

（一）被请求方事先同意。为此目的，被请求方可以要求提供第七条所规定的文件或者资料，以及被引渡人就有关犯罪所作的陈述；

（二）该人在可以自由离开请求方领土之日后的三十天内未离开该方领土。但是由于其无法控制的原因未能离开请求方领土的时间不计算在此期限内；

（三）该人在已经离开请求方领土后又自愿回到该方领土。

第十五条　对被引渡人的权利保障

一、被请求引渡人在被请求方享有该国法律赋予的所有权利和保障，包括辩护权和必要的翻译协助。

二、被引渡人在被请求方因引渡请求被羁押的时间应折抵其被判处的刑期。

第十六条　移交财产、有价物品和文件

一、如果请求方提出请求，被请求方应当在本国法律允许的范围内，扣押在其境内发现的犯罪所得、犯罪工具以及可作为证据的财产、有价物品和文件，并且在同意引渡的情况下，移交给请求方。

二、在同意引渡的情况下，即使因为被请求引渡人死亡、失踪或者脱逃而无法实施引渡，本条第一款提到的财产、有价物品和文件仍然应当予以移交。

三、被请求方为了正在进行的其他刑事诉讼程序，可以推迟移交上述财产、有价物品和文件直至诉讼终结，或者在请求方返还的条件下临时移交上述财产、有价物品和文件。

四、移交上述财产、有价物品和文件不得损害被请求方或者任何第三方的合法权利。如果存在此种权利，请求方应当根据被请求方的要求，在诉讼结束之后尽快将被移交的财产、有价物品和文件无偿返还给被请求方。

第十七条　过境

一、双方将根据本国法律相互合作，为被引渡人过境其领土提供便利。为此，过境一方领土需事先提出请求，并提供同意引渡通知书的复印件。

二、当使用没有在一方降落计划的民用航空工具过境时，不需就被引渡人的过境提出请求。

三、过境方在其国内法允许的情况下，负责看管在其境内的被引渡人。

第十八条　通报结果

请求方应当及时向被请求方通报有关对被引渡人进行刑事诉讼的最终决定、执行刑罚或者将该人再引渡给第三国的情况。

第十九条　费用

在被请求方的引渡程序中产生的费用应当由被请求方承担。与移交和接收被引渡人有关的交通费用和过境费用应当由请求方承担。

第二十条　与其他条约的关系

本条约不影响双方根据任何其他条约享有的权利和承担的义务。

第二十一条　争议的解决

由于实施或者解释本条约所产生的任何争议，应当通过外交途径协商解决。

第二十二条　生效和终止

一、本条约须经批准。批准书在北京互换。本条约自互换批准之日后第三十天生效。

二、任何一方可以随时通过外交途径，以书面形式通知终止本条约。本条约自该通知发出之日后第一百八十天终止。本条约的终止不影响条约终止前提出的引渡请求。

三、本条约适用于其生效后提出的任何请求，即使引渡请求所基于的犯罪发生于本条约生效前。

下列签字人经各自政府正式授权，签署本条约，以昭信守。

本条约于二〇〇四年十一月十二日订于巴西利亚，一式两份，每份均用中文、葡萄牙文和英文写成，三种文本同等作准。如遇解释上的分歧，以英文本为准。

中华人民共和国代表	**巴西联邦共和国代表**
李肇星（外长）	塞尔索·阿莫林（外长）
（签字）	（签字）